# Ces enfants qui pensent trop

## Et si c'etait un don?

ED Merid

# Ces enfants qui pensent trop

## Et si c'était un don

Ed Merid

# Table des matières

# Introduction

Dans le silence feutré d'une chambre d'enfant, une petite fille de huit ans fixe le plafond, les yeux grands ouverts. L'horloge affiche 3 h du matin, mais son esprit, lui, ne connaît pas de repos. Elle s'interroge sur l'infini de l'univers, sur la nature des rêves, sur le sens de la vie. Ces questions, trop vastes pour son jeune âge, tourbillonnent dans sa tête comme une tempête incessante.

Combien de parents reconnaîtront ce scénario ? Ces enfants, dotés d'une sensibilité exacerbée et d'une intelligence fulgurante, qui semblent porter le poids du monde sur leurs frêles épaules. On les appelle souvent "ceux qui pensent trop". Mais et si, plutôt qu'un fardeau, c'était un don ?

Imaginez un instant que cette intensité de pensée, loin d'être un handicap, soit en réalité une clé pour ouvrir des portes insoupçonnées. Une capacité extraordinaire qui, correctement canalisée, pourrait engendrer les innovateurs, les penseurs et les créateurs de demain.

Ce livre n'est pas un simple guide. C'est une exploration audacieuse au cœur de l'esprit bouillonnant de ces jeunes génies en herbe. Une plongée vertigineuse dans les méandres de leur réflexion, où chaque question en engendre mille autres, où chaque idée est un univers à part entière.

Mais attention, parents épuisés et enseignants dépassés, ce voyage ne sera pas de tout repos. Préparez-vous à remettre en question vos certitudes, à voir le monde à travers le prisme kaléidoscopique de ces jeunes esprits brillants. Car comprendre ces enfants, c'est aussi apprendre à voir la beauté dans le chaos, la force dans la vulnérabilité.

Au fil des pages, nous dévoilerons les secrets de ces petits penseurs. Comment transformer leurs angoisses existentielles en force motrice ? Comment nourrir leur curiosité insatiable sans les submerger ? Et surtout, comment les aider à s'épanouir dans un monde qui valorise souvent plus la conformité que la créativité ?

Ce livre est une ode à la différence, un manifeste pour la pensée hors du commun. Il s'adresse à tous ceux qui ont déjà senti que leur enfant était "différent", à ceux qui cherchent des réponses dans un océan de questions.

Alors, êtes-vous prêts à embrasser ce don ? À voir au-delà des nuits blanches et des crises d'angoisse, pour découvrir le potentiel extraordinaire qui sommeille dans ces jeunes esprits ?

Embarquez avec nous dans cette odyssée fascinante. Car au fond, ne sommes-nous pas tous, d'une certaine manière, des enfants qui pensent trop ?

# Partie I : Décoder l'énigme de la pensée excessive

Dans le labyrinthe fascinant de l'esprit humain, il existe un phénomène particulier qui intrigue parents, éducateurs et psychologues depuis des décennies : la pensée excessive chez les enfants. Ce n'est pas simplement une réflexion approfondie ou une curiosité accrue ; c'est un tourbillon mental incessant, une cascade d'idées et de questions qui ne semblent jamais tarir.

Qu'est-ce qui caractérisent réellement ces jeunes esprits en ébullition ? Comment distinguer une réflexion saine d'une rumination potentiellement problématique ? Ces interrogations nous conduisent au cœur de notre exploration.

La pensée excessive se manifeste de multiples façons. Certains enfants se perdent dans des réflexions philosophiques bien au-delà de leur âge, questionnant l'existence, le temps ou la nature de la réalité. D'autres développent une hypersensibilité émotionnelle, ressentant chaque expérience avec une intensité déconcertante. Il y a aussi ceux qui s'immergent dans des mondes imaginaires complexes, créant des univers entiers dans leur esprit.

Cette intensité cognitive n'est pas sans conséquences. Elle peut engendrer des nuits d'insomnie, des crises d'anxiété, ou une difficulté à se concentrer sur des tâches quotidiennes. Paradoxalement, elle peut aussi être source de créativité exceptionnelle, d'empathie profonde, et d'une compréhension du monde particulièrement aiguisée.

Pour décoder cette énigme, nous devons plonger dans les méandres du cerveau en développement. Les neurosciences nous offrent des pistes fascinantes. Des études récentes suggèrent que ces enfants pourraient avoir des connexions neuronales plus denses dans certaines régions du cerveau, facilitant une pensée plus élaborée, mais aussi plus intense.

L'environnement joue également un rôle crucial. Un milieu stimulant intellectuellement peut nourrir cette tendance à la réflexion profonde. À l'inverse, des expériences traumatisantes peuvent exacerber l'anxiété et la rumination. C'est un équilibre délicat entre stimulation et surcharge cognitive.

Notre société moderne, avec son flot constant d'informations et de stimuli, pose des défis particuliers à ces jeunes penseurs. Comment naviguer dans ce monde hyperconnecté quand chaque information déclenche une avalanche de réflexions ?

En explorant ce phénomène, nous découvrirons que la pensée excessive n'est pas un simple trait de caractère, mais une façon unique d'interagir avec le monde. Elle peut être à la fois un don précieux et un défi considérable.

Cette exploration nous mènera au-delà des idées reçues. Nous remettrons en question la notion même de "normalité" dans le développement cognitif. Peut-être découvrirons-nous que ces enfants qui pensent "trop" sont en réalité les pionniers d'une nouvelle manière d'appréhender le monde.

Préparez-vous à un voyage captivant au cœur de l'esprit humain. Nous allons déconstruire les mythes, analyser les faits, et certainement même redéfinir notre compréhension de l'intelligence et de la créativité. Cette odyssée nous guidera vers une appréciation plus profonde de la diversité cognitive et du potentiel extraordinaire qui réside dans ces jeunes cerveaux en effervescence.

# Chapitre 1 : Dans la tête d'un enfant qui pense trop

Le cerveau d'un enfant est un univers en perpétuelle expansion. Pour certains, cependant, cette expansion s'apparente à un big bang cognitif incessant. Ces jeunes esprits, souvent qualifiés d'enfants qui pensent trop, vivent dans un tourbillon de réflexions, d'idées et d'émotions qui défient l'entendement.

Mais à quoi ressemble réellement l'intérieur de ces esprits bouillonnants ? Pour le comprendre, plongeons dans le quotidien de Léa, 9 ans, une représentante typique de ces jeunes penseurs intensifs.

Dès son réveil, l'esprit de Léa s'anime. Pendant qu'elle brosse ses dents, elle réfléchit à l'origine de l'univers. Son petit-déjeuner devient une méditation sur l'éthique de la consommation alimentaire. Sur le chemin de l'école, elle élabore mentalement des théories sur la conscience des arbres qu'elle croise.

En classe, Léa oscille entre une concentration intense et une distraction profonde. Lorsqu'un sujet captive son intérêt, elle s'y plonge avec une passion dévorante, posant des questions qui laissent parfois ses enseignants perplexes. D'autres fois, son esprit vagabonde, explorant des idées sans lien apparent avec la leçon en cours.

Les interactions sociales représentent un défi particulier. Léa analyse chaque conversation, chaque geste, chaque expression faciale de ses camarades. Cette hypersensibilité sociale l'enrichit d'une empathie profonde, mais peut aussi la submerger d'informations à traiter.

Les moments de calme sont rares. Même pendant les activités censées être relaxantes, comme le dessin ou la lecture, l'esprit de Léa ne cesse de bouillonner. Un simple conte peut déclencher une réflexion sur la nature du bien et du mal, ou une interrogation sur les mécanismes de l'imaginaire humain.

La nuit n'apporte pas toujours le repos. Léa lutte souvent contre l'insomnie, son cerveau refusant de ralentir. Des questions existentielles surgissent dans l'obscurité : Qu'est-ce que l'infini ? Que ressentent les animaux ? Pourquoi le temps passe-t-il ?

Cette intense activité mentale n'est pas sans conséquences. Léa peut ressentir une fatigue émotionnelle, une anxiété face à des questions sans réponse, ou une frustration de ne pas être toujours comprise par son entourage. Paradoxalement, c'est aussi la source de sa créativité débordante, de sa curiosité insatiable et de sa capacité à voir le monde sous des angles uniques.

Il est crucial de comprendre que ce mode de pensée n'est pas un choix pour Léa. C'est sa façon naturelle d'interagir avec le monde. Son cerveau fonctionne comme un superordinateur, traitant constamment des informations, établissant des connexions, générant des idées à un rythme effréné.

Pour les parents et les éducateurs, accompagner un enfant comme Léa requiert patience, compréhension et créativité. Il s'agit de trouver un équilibre délicat entre nourrir cette soif de connaissance et fournir des outils pour gérer le flot incessant de pensées.

L'exploration de l'esprit d'un enfant qui pense trop révèle un paysage mental riche et complexe. C'est un monde avec lequel la curiosité n'a pas de limites, où chaque question en engendre mille autres, où la réflexion est aussi naturelle que la respiration.

En comprenant mieux le fonctionnement de ces jeunes esprits, nous ouvrons la porte à une appréciation plus profonde de la diversité cognitive. Nous découvrons que ces enfants, loin d'être simplement "différents", sont peut-être les pionniers d'une nouvelle façon de percevoir et d'interagir avec notre monde en constante évolution.

## 1.1 Les mille visages de la pensée excessive

La pensée excessive chez l'enfant se manifeste de multiples conduites, chacune aussi fascinante que complexe. Pour mieux comprendre ce phénomène, explorons les différentes facettes de cette caractéristique cognitive unique.

### Le petit philosophe

Certains enfants se distinguent par leur tendance à poser des questions profondes et existentielles. Prenons l'exemple de Léo, 6 ans, qui a stupéfié ses parents lors d'un trajet en voiture en demandant : "Papa, maman, si le temps n'existait pas, est-ce qu'on existerait quand même ?" Cette réflexion, bien au-delà des préoccupations habituelles d'un enfant de cet âge, illustre parfaitement la profondeur de pensée de ces jeunes philosophes.

Ces enfants ne se contentent pas de réponses simples. Ils creusent, remettent en question et cherchent constamment à comprendre les mécanismes qui régissent notre monde. Leur curiosité intellectuelle, bien que stimulante, peut parfois déconcerter leur entourage qui peine à suivre leur rythme de questionnement.

### L'hypersensible émotionnel

D'autres enfants expriment leur pensée excessive à travers une sensibilité émotionnelle accrue. C'est le cas de Chloé, 9 ans, qui a fondu en larmes en apprenant que son école allait abattre un vieil arbre pour agrandir la cour de récréation. Sa réaction, incomprise par ses camarades, révélait une profonde connexion émotionnelle avec son environnement.

Ces enfants ressentent les émotions - les leurs et celles des autres - avec une intensité déconcertante. Ils peuvent être submergés par l'injustice d'une situation apparemment anodine ou profondément affectés par des événements qui sembleraient mineurs à d'autres. Cette hypersensibilité, si elle n'est pas bien gérée, peut mener à de l'anxiété ou à un sentiment d'inadéquation sociale.

### Le créatif insatiable

La pensée excessive peut également se manifester par une créativité débordante. Prenons l'exemple de Sophie, 7 ans, qui a stupéfié ses parents en créant un jeu de société élaboré, avec des règles complexes et un univers entier inventé de toutes pièces. Son institutrice a été émerveillée par la richesse de son imagination et la cohérence de sa création.

Ces enfants ont souvent une imagination fertile qui ne connaît pas de limites. Ils peuvent passer des heures absorbés dans leurs créations, que ce soit à travers le dessin, l'écriture ou la construction de mondes imaginaires. Bien que cette créativité soit un atout précieux, elle peut parfois interférer avec les tâches quotidiennes ou les obligations scolaires.

## L'analyste en herbe

Certains enfants à la pensée excessive se distinguent par leur capacité d'analyse pointue. C'est le cas de Maxime, 10 ans, qui a surpris son professeur d'histoire en établissant des parallèles complexes entre différentes civilisations anciennes, révélant une compréhension des dynamiques historiques bien au-delà de son âge.

Ces jeunes analystes excellents dans la résolution de problèmes et l'établissement de connexions entre différents concepts. Ils peuvent passer des heures à décortiquer un sujet qui les passionne, allant bien au-delà de ce qui est attendu à leur âge. Cette compétence d'analyse peut être un atout considérable dans les apprentissages, mais peut aussi mener à une tendance à la suranalyse.

## Le perfectionniste anxieux

La pensée excessive peut également se manifester sous forme de perfectionnisme. Prenons l'exemple d'Emma, 8 ans, qui passe des heures à peaufiner ses dessins, allant jusqu'à pleurer de frustration si une ligne n'est pas parfaitement droite. Son souci du détail est tel qu'elle a du mal à terminer ses travaux artistiques dans les temps imparti.

Ces enfants ont des standards extrêmement élevés pour eux-mêmes et peuvent être excessivement critiques envers leurs propres performances. Bien que cette quête de perfection puisse mener à d'excellents résultats, elle est souvent source d'anxiété et peut nuire à l'estime de soi si elle n'est pas correctement canalisée.

## L'empathie hyper-consciente

Certains enfants à la pensée excessive se distinguent par leur empathie extraordinaire et leur conscience aiguë des dynamiques sociales. C'est le cas de Lucas, 11 ans, qui a remarqué que son professeur semblait triste et stressé, et a organisé avec sa classe une petite surprise pour lui remonter le moral, démontrant une compréhension des émotions d'autrui remarquable pour son âge.

Ces enfants sont souvent décrits comme "vieux dans leur tête" ou "sages au-delà de leur âge". Ils ont une compréhension intuitive des émotions et des relations humaines qui dépassent largement celle de leurs pairs. Cette sensibilité peut être un atout précieux dans les relations interpersonnelles, mais peut aussi être source de stress si l'enfant se sent responsable du bien-être émotionnel de son entourage.

**Le chercheur insatiable**

Enfin, certains enfants manifestent leur pensée excessive à travers une soif de connaissances insatiable. Prenons l'exemple de Théo, 9 ans, qui a stupéfié ses parents en apprenant par cœur les noms et caractéristiques de plus de 100 espèces de dinosaures. Il passe ses temps libres à lire des livres scientifiques et à regarder des documentaires sur la paléontologie.

Ces jeunes chercheurs ont une curiosité qui semble sans limites. Ils accumulent des connaissances à un rythme effréné et sont capables de discourir sur des sujets complexes avec une aisance déconcertante. Bien que cette soif d'apprendre soit admirable, elle peut parfois conduire à un déséquilibre, l'enfant négligeant d'autres aspects de son développement au profit de sa quête de savoir.

Il est essentiel de comprendre que ces différentes manifestations de la pensée excessive ne sont pas mutuellement exclusives. Un même enfant peut présenter plusieurs de ces traits, voire tous, à des degrés divers. De plus, ces caractéristiques peuvent évoluer avec le temps, se renforçant ou s'atténuant selon les expériences de vie et l'environnement de l'enfant.

La diversité des manifestations de la pensée excessive souligne la complexité de ce phénomène. Elle met en lumière la nécessité d'une approche individualisée pour accompagner ces enfants. Ce qui fonctionne pour le petit philosophe pourrait ne pas convenir au perfectionniste anxieux. Les parents, les éducateurs et les professionnels de santé doivent donc être attentifs aux spécificités de chaque enfant pour lui offrir le soutien le plus adapté.

Reconnaître et comprendre ces différentes facettes de la pensée excessive est la première étape pour aider ces enfants à transformer ce qui peut être perçu comme un fardeau en un véritable atout. Car derrière chacune de ces manifestations se cache un potentiel extraordinaire. Le petit philosophe pourrait devenir un penseur influent, l'hypersensible émotionnel un artiste talentueux, le créatif insatiable un innovateur révolutionnaire, et ainsi de suite.

En bref, la clé réside dans l'équilibre : nourrir ces capacités exceptionnelles tout en fournissant à l'enfant les outils nécessaires pour gérer l'intensité de ses pensées et émotions. C'est un défi de taille, mais qui peut mener à des résultats extraordinaires.

## 1.2 : Aux racines de la réflexion intense

La réflexion intense, cette capacité à plonger profondément dans nos pensées, est un joyau de l'esprit humain. Elle nous permet de résoudre des problèmes complexes, de créer des œuvres d'art remarquables et de repousser les frontières de la connaissance. Mais d'où vient-elle ? Quels sont les mécanismes qui la sous-tendent ? Explorons ensemble les fondements de cette faculté extraordinaire.

Deux facteurs principaux façonnent notre aptitude à la réflexion intense : notre biologie cérébrale et notre environnement. Ces éléments s'entremêlent de façon complexe pour créer les conditions propices à une pensée profonde et soutenue.

Commençons par notre cerveau, cet organe fascinant qui ne pèse que 2% de notre masse corporelle mais consomme 20% de notre énergie. Au cœur de la réflexion intense se trouve le cortex préfrontal, une région située à l'avant du cerveau. Cette zone est le siège de nos fonctions exécutives, comme la planification, la prise de décision et le contrôle de l'attention.

Une anecdote personnelle illustre bien l'importance du cortex préfrontal. Lorsque j'étais étudiant, je me souviens avoir passé des heures à travailler sur un projet complexe de programmation. Malgré ma fatigue, j'étais totalement absorbé par la tâche, jonglant avec différentes idées et approches. C'était mon cortex préfrontal qui orchestrait cette danse cognitive, me permettant de maintenir mon attention et de manipuler mentalement les concepts abstraits nécessaires à la résolution du problème.

Mais le cortex préfrontal n'agit pas seul. Il travaille en étroite collaboration avec d'autres régions cérébrales, formant un réseau neuronal complexe. Parmi ces régions, on trouve l'hippocampe, crucial pour la mémoire, et l'amygdale, impliquée dans le traitement des émotions. Cette interconnexion permet à la réflexion intense d'intégrer nos expériences passées et nos réactions émotionnelles, enrichissant ainsi notre pensée.

Une étude de cas fascinante met en lumière l'importance de ces connexions neuronales. Le célèbre patient H.M., qui a subi l'ablation d'une grande partie de ses lobes temporaux (incluant l'hippocampe) pour traiter son épilepsie, a perdu la capacité de former de nouveaux souvenirs. Bien que son intelligence générale soit restée intacte, sa capacité de réflexion profonde était sévèrement limitée, car il ne pouvait plus intégrer de nouvelles informations à long terme dans sa réflexion.

Passons maintenant au second facteur clé : l'environnement. Notre capacité à la réflexion intense est profondément influencée par le monde qui nous entoure. Cela inclut notre éducation, notre culture, nos expériences de vie et même notre environnement physique immédiat.

L'éducation joue un rôle crucial dans le développement de notre capacité de réflexion. Elle nous fournit les outils et les connaissances nécessaires pour appréhender des concepts complexes. Par exemple, apprendre les mathématiques ou la philosophie développe notre capacité d'abstraction et de raisonnement logique, des compétences essentielles à la réflexion intense.

Notre culture façonne également notre manière de penser. Certaines sociétés valorisent davantage la réflexion profonde que d'autres. Dans la Grèce antique, par exemple, la philosophie était considérée comme l'une des plus nobles pursuits. Cette valorisation culturelle a conduit à l'émergence de penseurs remarquables comme Socrate, Platon et Aristote, dont les réflexions continuent d'influencer notre pensée aujourd'hui.

Nos expériences de vie jouent aussi un rôle crucial. Chaque défi que nous relevons, chaque obstacle que nous surmontons, enrichit notre capacité de réflexion. Un exemple personnel illustre bien ce point. Lorsque j'ai déménagé dans un pays étranger, j'ai été confronté à une culture et une langue totalement différentes. Cette expérience m'a forcé à remettre en question mes présupposés, à réfléchir intensément sur mes valeurs et ma vision du monde. Ce processus a considérablement élargi ma capacité de réflexion profonde.

Enfin, notre environnement physique immédiat influence grandement notre capacité à nous engager dans une réflexion intense. Un environnement calme et ordonné favorise la concentration, tandis qu'un environnement bruyant et chaotique peut la perturber. C'est pourquoi de nombreux penseurs et créateurs cherchent des lieux tranquilles pour travailler. Le philosophe Henry David Thoreau, par exemple, s'est retiré dans une cabane au bord du lac Walden pour réfléchir et écrire, produisant ainsi son chef-d'œuvre "Walden ou la Vie dans les bois".

Il est fascinant de constater comment ces deux facteurs - notre biologie cérébrale et notre environnement - interagissent et se renforcent mutuellement. Notre cerveau est plastique, c'est-à-dire qu'il peut se modifier en réponse à nos expériences. Ainsi, un environnement stimulant peut littéralement "sculpter" notre cerveau, renforçant les connexions neuronales impliquées dans la réflexion intense.

Une étude récente menée par des neuroscientifiques de l'Université de Londres a montré que les chauffeurs de taxi londoniens, qui doivent mémoriser un labyrinthe complexe de 25 000 rues, ont un hippocampe plus développé que la moyenne. Leur environnement exigeant a physiquement modifié leur cerveau, améliorant leur capacité de navigation spatiale et, par extension, leur aptitude à la réflexion complexe dans ce domaine.

Cependant, il est important de noter que la capacité de réflexion intense n'est pas figée. Elle peut être développée et améliorée tout au long de notre vie. Des pratiques telles que la méditation, la lecture approfondie, ou la résolution de problèmes complexes peuvent renforcer nos "muscles mentaux" de la réflexion profonde.

Une expérience personnelle illustre bien ce point. Il y a quelques années, j'ai décidé de consacrer une heure chaque jour à la lecture d'ouvrages philosophiques complexes. Au début, c'était un véritable défi. Je me trouvais souvent distrait, luttant pour comprendre les concepts abstraits. Mais au fil du temps, j'ai remarqué une amélioration significative de ma capacité à me concentrer et à réfléchir en profondeur. Cette pratique régulière a littéralement transformé ma façon de penser.

La réflexion intense est donc à la fois un don et une compétence. Elle est ancrée dans notre biologie, façonnée par notre environnement, mais aussi susceptible d'être cultivée et renforcée par nos efforts conscients. C'est un outil puissant qui nous permet de naviguer dans la complexité du monde, de créer, d'innover et de nous comprendre nous-mêmes.

Alors que nous continuons à explorer les mystères de l'esprit humain, une chose est certaine : notre compétence à la réflexion intense reste l'un de nos atouts les plus précieux. Elle nous distingue en tant qu'espèce et nous offre des possibilités infinies d'exploration et de découverte.

Lorsque notre cerveau entre en ébullition, c'est comme si un feu d'artifice neuronal se déclenchait dans notre boîte crânienne. Cette activité cérébrale intense est fascinante, mais comment fonctionne-t-elle réellement ? Quels sont les rouages qui se mettent en marche lorsque nous plongeons dans une réflexion profonde ? Explorons ensemble les mécanismes qui sous-tendent cette effervescence mentale.

Deux facteurs principaux entrent en jeu lorsque notre cerveau entre en ébullition : l'activité neuronale et les processus chimiques. Ces éléments s'entremêlent de manière complexe pour créer cette expérience unique de pensée intense.

Commençons par l'activité neuronale. Notre cerveau est composé de milliards de neurones, des cellules spécialisées qui communiquent entre elles par le biais de signaux électriques et chimiques. Lorsque nous réfléchissons intensément, ces neurones s'activent en formant des réseaux complexes.

Une anecdote personnelle illustre bien ce phénomène. Récemment, j'ai passé une nuit entière à travailler sur un problème mathématique complexe. Alors que les heures défilaient, je sentais presque physiquement mon cerveau "chauffer". Cette sensation n'était pas qu'une impression : mon activité neuronale s'intensifiait réellement, mobilisant différentes régions de mon cerveau pour traiter le problème sous tous ses angles.

Cette activation neuronale massive ne se fait pas au hasard. Elle suit des schémas précis, orchestrés par différentes régions cérébrales. Le cortex préfrontal, que nous avons évoqué précédemment, joue un rôle central dans ce processus. Il agit comme un chef d'orchestre, coordonnant l'activité des autres régions du cerveau.

Une étude de cas fascinante met en lumière l'importance de cette coordination neuronale. Des chercheurs de l'Université de Stanford ont utilisé l'imagerie par résonance magnétique fonctionnelle (IRMF) pour observer le cerveau de mathématiciens en pleine réflexion. Ils ont constaté une activation simultanée et coordonnée de plusieurs régions cérébrales, notamment le cortex préfrontal, le cortex pariétal (impliqué dans le traitement des nombres) et le cortex temporal (lié à la mémoire). Cette "symphonie neuronale" est caractéristique du cerveau en ébullition.

Passons maintenant au second facteur clé : les processus chimiques. L'activité neuronale intense s'accompagne d'une véritable tempête chimique dans notre cerveau. Plusieurs neurotransmetteurs entrent en jeu, chacun jouant un rôle spécifique dans notre capacité à réfléchir intensément.

La dopamine, souvent appelée "molécule du plaisir", est cruciale dans ce processus. Elle nous motive à poursuivre notre réflexion en nous procurant une sensation de satisfaction. C'est elle qui explique pourquoi nous ressentons parfois une véritable euphorie lorsque nous résolvons un problème complexe.

L'acétylcholine, quant à elle, améliore notre concentration et notre mémoire à court terme. Elle nous permet de maintenir notre attention sur une tâche pendant de longues périodes, un élément essentiel de la réflexion intense.

Le glutamate, le principal neurotransmetteur excitateur du cerveau, joue également un rôle crucial. Il facilite la transmission des signaux entre les neurones, permettant une pensée rapide et fluide.

Une expérience personnelle illustre bien l'impact de ces processus chimiques. Lors de la préparation d'un examen important, j'ai remarqué que ma capacité à me concentrer fluctuait au cours de la journée. Le matin, après une bonne nuit de sommeil, ma réflexion était claire et intense. Mais en fin d'après-midi, elle devenait plus laborieuse. Cette variation s'explique en partie par les fluctuations des niveaux de neurotransmetteurs dans mon cerveau au fil de la journée.

Il est fascinant de constater comment ces deux facteurs - l'activité neuronale et les processus chimiques - interagissent pour créer l'expérience du cerveau en ébullition. Cette interaction est dynamique et complexe, variant d'un individu à l'autre et d'une situation à l'autre.

Par exemple, le stress peut avoir un impact significatif sur notre capacité de réflexion intense. En petites quantités, il peut stimuler notre activité cérébrale grâce à la libération de cortisol. Cependant, un stress excessif peut perturber l'équilibre chimique de notre cerveau et entraver notre capacité à penser clairement.

Une étude menée par des chercheurs de l'Université de Californie à Berkeley a montré que le stress chronique peut même modifier physiquement la structure de notre cerveau, réduisant la taille de l'hippocampe et augmentant celle de l'amygdale. Ces changements peuvent affecter notre capacité à nous engager dans une réflexion profonde et soutenue.

Il est également important de noter que notre cerveau ne fonctionne pas de manière isolée. Il est intimement lié au reste de notre corps. Notre alimentation, notre niveau d'activité physique, notre qualité de sommeil - tous ces facteurs influencent la chimie de notre cerveau et, par extension, notre capacité à réfléchir intensément.

Une expérience personnelle souligne ce point. Pendant une période où je négligeais mon sommeil et mon alimentation, j'ai constaté une baisse significative de ma capacité à me concentrer et à réfléchir en profondeur. Lorsque j'ai adopté un mode de vie plus sain, avec un sommeil régulier et une alimentation équilibrée, j'ai remarqué une amélioration notable de ma clarté mentale et de ma capacité à soutenir une réflexion intense.

Comprendre ces mécanismes nous offre des pistes pour optimiser notre capacité de réflexion intense. Par exemple, des techniques comme la méditation peuvent aider à réguler notre activité cérébrale et à améliorer notre concentration. Des études ont montré que la pratique régulière de la méditation peut même modifier la structure physique de notre cerveau, augmentant la densité de la matière grise dans les régions associées à l'apprentissage, la mémoire et la régulation émotionnelle.

De même, certains aliments peuvent favoriser la production de neurotransmetteurs bénéfiques à la réflexion intense. Les aliments riches en oméga-3, comme le poisson gras, peuvent améliorer la santé cérébrale. Les aliments contenant de la tyrosine, un précurseur de la dopamine, comme les amandes ou les œufs, peuvent également soutenir notre capacité de concentration.

L'exercice physique est un autre levier puissant pour stimuler notre activité cérébrale. Une étude de l'Université de l'Illinois a montré que l'exercice aérobique régulier peut augmenter le volume de l'hippocampe, améliorant ainsi notre mémoire et notre capacité d'apprentissage.

À mesure que nous approfondissons notre compréhension des mécanismes du cerveau en ébullition, de nouvelles perspectives s'ouvrent à nous. Des technologies émergentes, comme la stimulation cérébrale transcrânienne, promettent de nouvelles façons d'améliorer nos habiletés cognitives. Bien que ces technologies en soient encore à leurs débuts, elles soulèvent des questions fascinantes sur l'avenir de la cognition humaine.

Le cerveau en ébullition est donc un phénomène complexe, résultant de l'interaction dynamique entre notre activité neuronale et nos processus chimiques cérébraux. C'est un état puissant qui nous permet de résoudre des problèmes complexes, de créer des œuvres d'art remarquables et de repousser les frontières de la connaissance humaine.

Comprendre ces mécanismes nous donne les clés pour cultiver et optimiser notre disposition de réflexion intense. En prenant soin de notre cerveau, en adoptant des habitudes de vie saines et en pratiquant des techniques qui favorisent l'activité cérébrale, nous pouvons améliorer notre capacité à entrer dans cet état d'ébullition mentale.

## 1.4 : Exercice : Cartographier les pensées de votre enfant

La compréhension du fonctionnement mental de nos enfants est une quête fascinante pour tout parent. Cartographier leurs pensées nous offre un aperçu précieux de leur monde intérieur, nous permettant de mieux les accompagner dans leur développement. Cet exercice pratique vous guidera à travers le processus de création d'une carte mentale des pensées de votre enfant, révélant les mécanismes complexes qui animent son esprit en pleine croissance.

Deux facteurs principaux entrent en jeu lorsqu'on cartographie les pensées d'un enfant : l'observation attentive et l'interprétation empathique. Ces éléments s'entremêlent pour créer une image complète et nuancée du paysage mental de votre enfant.

Commençons par l'observation attentive. Ce processus implique de regarder au-delà des comportements superficiels pour discerner les pensées et les émotions sous-jacentes. Il s'agit d'être présent et réceptif, de noter les détails subtils dans les expressions faciales, le langage corporel et les paroles de votre enfant.

Une anecdote personnelle illustre l'importance de cette observation minutieuse. Un jour, j'ai remarqué que ma fille de 7 ans semblait inhabituellement silencieuse après l'école. Au lieu de lui demander directement ce qui n'allait pas, j'ai observé attentivement son comportement. J'ai noté qu'elle évitait le contact visuel, jouait nerveusement avec ses cheveux et semblait hésitante à parler de sa journée. Ces observations m'ont fourni des indices précieux sur son état émotionnel, me permettant d'aborder la situation avec plus de sensibilité.

L'interprétation empathique, notre second facteur clé, consiste à donner du sens à ces observations en se mettant à la place de l'enfant. Il s'agit de comprendre le monde à travers ses yeux, en tenant compte de son niveau de développement, de ses expériences passées et de son tempérament unique.

Une étude de cas menée par des chercheurs de l'Université de Cambridge illustre la puissance de cette approche. Ils ont travaillé avec des parents pour cartographier les pensées de leurs enfants autistes. En combinant une observation attentive avec une interprétation empathique, les parents ont pu obtenir des insights inestimables sur les processus de pensée de leurs enfants, conduisant à une amélioration significative de la communication et des interactions familiales.

Maintenant, passons à l'exercice pratique de cartographie des pensées. Commencez par choisir un moment spécifique de la journée de votre enfant à cartographier. Cela peut être une situation de jeu, un moment de stress, ou une interaction sociale.

## Étape 1 : Observation

Observez attentivement votre enfant pendant cette période. Notez ses actions, ses expressions faciales, son langage corporel et ses paroles. Soyez aussi détaillé que possible. Par exemple, vous pourriez noter : "Sophie fronce les sourcils en regardant son puzzle. Elle soupire fréquemment et tape du pied sous la table."

## Étape 2 : Interprétation initiale

Basez-vous sur vos observations pour faire une première interprétation des pensées de votre enfant. Dans le cas de Sophie, vous pourriez penser : "Sophie semble frustrée par la difficulté du puzzle. Elle a peut-être des pensées comme 'C'est trop dur' ou 'Je n'y arriverai jamais'."

## Étape 3 : Dialogue exploratoire

Engagez une conversation douce avec votre enfant pour explorer ses pensées. Posez des questions ouvertes et non dirigées. Par exemple : " Sophie, je remarque que tu t'efforces de résoudre ce puzzle. Que penses-tu de cette activité ?"

## Étape 4 : Ajustement de l'interprétation

Basez-vous sur les réponses de votre enfant pour affiner votre interprétation. Sophie pourrait répondre : "C'est difficile, mais j'aime ça. Je veux le finir toute seule pour montrer à papa." Cette réponse révèle une détermination et un désir de reconnaissance que vous n'aviez peut-être pas initialement perçus.

## Étape 5 : Création de la carte mentale

Utilisez toutes ces informations pour créer une carte mentale visuelle des pensées de votre enfant. Placez l'activité ou la situation au centre (par exemple, "Faire un puzzle"), puis ajoutez des branches pour les différentes pensées et émotions identifiées. Incluez des sous-branches pour les nuances et les détails.

Cette approche structurée nous permet de naviguer dans la complexité des pensées d'un enfant. Cependant, il est crucial de se rappeler que cette carte n'est qu'une approximation. Les pensées des enfants sont fluides et en constante évolution, influencées par de nombreux facteurs.

Une expérience personnelle souligne l'importance de cette flexibilité. J'ai une fois créé une carte mentale détaillée des pensées de mon fils concernant son premier jour d'école. Mais le jour venu, ses réactions ont été complètement différentes de ce que j'avais anticipé. Cette expérience m'a rappelé l'importance de rester ouvert et adaptable dans notre compréhension des pensées des enfants.

La cartographie des pensées peut également révéler des schémas de pensée récurrents chez votre enfant. Par exemple, vous pourriez remarquer une tendance à l'autocritique face aux défis, ou une propension à l'optimisme dans les situations sociales. Ces insights peuvent vous aider à soutenir le développement émotionnel et cognitif de votre enfant de manière plus ciblée.

Il est également important de considérer le contexte plus large lors de la cartographie des pensées. Les facteurs environnementaux, les dynamiques familiales, et même l'état physique de l'enfant (faim, fatigue, etc.) peuvent tous influencer ses processus de pensée. Une carte mentale complète devrait inclure ces éléments contextuels.

Un autre aspect crucial de cet exercice est l'auto-réflexion parentale. En cartographiant les pensées de votre enfant, vous pourriez découvrir vos propres préjugés ou projections. Par exemple, vous pourriez réaliser que vous interprétez systématiquement certains comportements de votre enfant comme de la paresse, alors qu'ils pourraient en réalité refléter de l'anxiété ou de la confusion.

La pratique régulière de cet exercice peut transformer votre relation avec votre enfant. Elle favorise l'empathie, améliore la communication et renforce le lien parent-enfant. De plus, en impliquant votre enfant dans le processus (de manière adaptée à son âge), vous l'aidez à développer sa propre conscience de soi et ses compétences métacognitives.

Il est important de noter que la cartographie des pensées n'est pas un outil de diagnostic. Si vous avez des inquiétudes sérieuses concernant les processus de pensée de votre enfant, il est toujours préférable de consulter un professionnel de la santé mentale pédiatrique.

À mesure que vous pratiquez cet exercice, vous développerez probablement votre propre style et vos propres techniques. Certains parents trouvent utile d'utiliser des codes couleur pour représenter différentes émotions sur leur carte mentale. D'autres préfèrent utiliser des symboles ou des dessins pour capturer l'essence des pensées de leur enfant.

N'oubliez pas que l'objectif ultime de cet exercice n'est pas de contrôler ou de manipuler les pensées de votre enfant, mais plutôt de mieux les comprendre et de les soutenir dans leur développement. Utilisez-les insights que vous gagnez pour créer un environnement favorable à la croissance émotionnelle et cognitive de votre enfant.

La cartographie des pensées de votre enfant est un voyage passionnant qui vous rapprochera de votre petit. C'est un outil puissant pour développer votre intuition parentale et renforcer votre connexion avec votre enfant. Avec de la pratique et de la patience, vous découvrirez les merveilles cachées dans l'esprit en développement de votre enfant.

# Chapitre 2 : Les super-pouvoirs cachés

Derrière chaque enfant se cache un potentiel extraordinaire, des capacités uniques qui, une fois révélées, peuvent transformer leur vie et celle de leur entourage. Ces talents exceptionnels, que nous appellerons "super-pouvoirs cachés", sont souvent invisibles au premier regard, mais leur impact est incontestable. Ce chapitre explore ces dons remarquables, offrant aux parents et éducateurs les clés pour les identifier, les nourrir et les célébrer.

Deux facteurs principaux définissent ces super-pouvoirs cachés : l'intelligence intuitive et la résilience créative. Ces éléments s'entrelacent pour former le socle des potentialités extraordinaires de chaque enfant.

L'intelligence intuitive, premier facteur clé, se manifeste par la possibilité de l'enfant à percevoir et à comprendre son environnement de manière instinctive. Les enfants dotés de cet excellent super-pouvoir dans la lecture des situations sociales, la résolution de problèmes complexes et la prise de décisions éclairées, fréquemment sans pouvoir expliquer rationnellement leur processus de pensée.

Prenons l'exemple de Sophie, 7 ans. Lors d'un jeu de société en famille, elle a su anticiper les stratégies de ses adversaires et adapter son jeu en conséquence, remportant la partie de manière inattendue. Cette aptitude à "lire" les intentions des autres et à ajuster son comportement illustre parfaitement le super-pouvoir de l'intelligence intuitive.

Le second facteur, la résilience créative, se traduit par la capacité de l'enfant à rebondir face aux défis et à trouver des solutions innovantes dans les situations difficiles. Les enfants possédant ce super-pouvoir font preuve d'une adaptabilité remarquable et transforment les obstacles en opportunités d'apprentissage et de croissance.

Considérons le cas de Lucas, 9 ans. Confronté à un projet scolaire particulièrement ardu, il a su transformer son stress initial en motivation. Au lieu de se décourager, Lucas a abordé le défi sous un nouvel angle, combinant des éléments inattendus pour créer une présentation originale qui a impressionné ses enseignants et inspiré ses camarades.

Ces deux facteurs s'influencent mutuellement, créant une synergie puissante. Un enfant doté d'une forte intelligence intuitive sera plus à même de percevoir les nuances d'une situation difficile, tandis qu'un enfant résilient utilisera sa créativité pour surmonter les obstacles de manière innovante.

Il est essentiel de comprendre que ces super-pouvoirs ne se manifestent pas toujours de façon évidente. Ils peuvent se cacher derrière des comportements que l'on pourrait initialement interpréter comme des difficultés. Par exemple, un enfant qui semble distrait pourrait en réalité être en train d'absorber et de traiter une multitude d'informations de son environnement, signe d'une intelligence intuitive en développement.

Les pages suivantes exploreront en détail comment identifier et cultiver ces super-pouvoirs chez les enfants. Nous examinerons des stratégies concrètes pour encourager le développement de l'intelligence intuitive et de la résilience créative, transformant ainsi ces capacités latentes en véritables atouts pour la vie.

Nous aborderons également l'impact positif de ces super-pouvoirs sur le développement global de l'enfant. De l'amélioration des compétences sociales à une confiance en soi renforcée, en passant par une meilleure gestion du stress, les bénéfices sont nombreux et durables.

L'objectif est d'offrir une nouvelle perspective sur les habiletés uniques de chaque enfant, permettant de les apprécier comme des qualités précieuses. En comprenant et en nourrissant ces aspects de la personnalité de l'enfant, parents et éducateurs peuvent l'aider à développer pleinement son potentiel extraordinaire.

La suite de ce chapitre guidera le lecteur à travers des exemples et des conseils pratiques pour révéler et cultiver les super-pouvoirs des enfants. Vous découvrirez comment ces potentialités exceptionnelles peuvent être canalisées pour favoriser l'apprentissage, encourager la résolution créative de problèmes et promouvoir un développement émotionnel équilibré.

Plongeons ensemble dans l'univers fascinant des super-pouvoirs cachés de nos enfants. Vous serez émerveillés par le potentiel extraordinaire qui sommeille en chacun d'eux, un potentiel qui ne demande qu'à être révélé, nourri et célébré.

## 2.1 : Créativité débordante et imagination sans limites

La créativité et l'imagination sont deux des super-pouvoirs les plus fascinants que possèdent les enfants. Ces capacités, souvent sous-estimées, jouent un rôle crucial dans le développement cognitif, émotionnel et social de l'enfant. Elles constituent le terreau fertile sur lequel s'épanouissent l'intelligence intuitive et la résilience créative, les deux facteurs principaux que nous avons identifiés précédemment.

L'intelligence intuitive, premier pilier de ces super-pouvoirs, se nourrit directement de la créativité débordante des enfants. Cette habileté à percevoir et à comprendre le monde de manière instinctive s'appuie sur une imagination fertile pour établir des connexions inattendues et trouver des solutions originales aux problèmes rencontrés.

Prenons l'exemple de Léa, 6 ans, qui a stupéfié ses parents lors d'un après-midi pluvieux. Confinée à l'intérieur, elle a transformé le salon en un vaste océan imaginaire, utilisant des coussins comme îles et des bouts de ficelle comme ponts suspendus. Sans le savoir, Léa démontrait une intelligence intuitive remarquable en créant un environnement de jeu stimulant à partir d'éléments ordinaires, tout en développant sa motricité et sa compréhension spatiale.

La résilience créative, second pilier, s'appuie quant à elle sur l'imagination sans limites des enfants pour surmonter les obstacles et rebondir face aux défis. Cette capacité à envisager différentes possibilités et à transformer les contraintes en opportunités est un atout précieux tout au long de la vie.

L'histoire de Max, 8 ans, illustre parfaitement ce concept. Lors d'un concours de dessin à l'école, Max a accidentellement renversé de l'eau sur son œuvre presque terminée. Au lieu de se décourager, il a vu dans cette tâche une opportunité. Il a transformé son dessin initial d'un paysage ensoleillé en une scène de pluie vibrante, remportant finalement le premier prix pour son "utilisation innovante des techniques mixtes". La résilience créative de Max lui a permis de transformer un apparent échec en une réussite inattendue.

Pour mieux comprendre l'importance de ces super-pouvoirs, examinons les bénéfices qu'ils apportent dans différents domaines du développement de l'enfant.

Sur le plan cognitif, la créativité et l'imagination stimulent la pensée divergente, cette capacité à générer de multiples solutions à un problème donné. Une étude menée par l'Université de Cambridge a démontré que les enfants encouragés à utiliser leur imagination dans la résolution de problèmes mathématiques obtenaient de meilleurs résultats que ceux qui suivaient une approche purement logique.

Le cas de Sophie, 9 ans, est révélateur. Confrontée à un problème de géométrie complexe, elle a eu l'idée de créer une maquette en pâte à modeler pour visualiser la question en trois dimensions. Cette approche créative lui a permis de comprendre et de résoudre le problème beaucoup plus facilement que ses camarades qui restaient bloqués sur une représentation en deux dimensions.

Sur le plan émotionnel, la créativité et l'imagination offrent aux enfants des outils puissants pour exprimer et gérer leurs émotions. Le jeu de rôle, par exemple, permet aux enfants d'explorer différentes situations sociales et émotionnelles dans un cadre sécurisé.

Lucas, 7 ans, avait des difficultés à exprimer sa tristesse après le déménagement de son meilleur ami. Ses parents ont eu l'idée de lui proposer de créer une bande dessinée racontant leurs aventures. À travers ce projet créatif, Lucas a pu extérioriser ses émotions et trouver un moyen positif de maintenir le lien avec son ami, tout en développant ses compétences narratives et artistiques.

Sur le plan social, ces super-pouvoirs favorisent l'empathie et la collaboration. Les enfants qui ont une imagination développée sont plus aptes à se mettre à la place des autres et à envisager différentes perspectives.

Une expérience menée dans une école primaire de Toronto a mis en lumière ce phénomène. Les enseignants ont introduit un "coin créatif" dans la cour de récréation, rempli d'objets du quotidien comme des boîtes en carton, des tissus et des bâtons. Ils ont observé que les enfants qui jouaient régulièrement dans cet espace développaient de meilleures compétences en résolution de conflits et en travail d'équipe.

Pour cultiver ces super-pouvoirs chez les enfants, plusieurs stratégies peuvent être mises en place :

**1. Créer un environnement propice** : Aménagez un espace dédié à la créativité dans la maison, avec du matériel varié et accessible. Cela peut être aussi simple qu'un coin avec des crayons, du papier et quelques objets de récupération.

**2. Valoriser le processus plutôt que le résultat** : Encouragez l'exploration et l'expérimentation sans mettre l'accent sur la perfection du résultat final. Célébrez les efforts et l'originalité plutôt que la conformité à un modèle.

**3. Poser des questions ouvertes** : Stimulez l'imagination en posant des questions qui n'ont pas de réponse unique. "Que se passerait-il si les arbres pouvaient parler ?" ou "Comment pourrions-nous améliorer cette situation ?" Il s'agit d'exemples de questions qui stimulent la réflexion créative.

**4. Limiter le temps d'écran** : Bien que certains contenus numériques puissent être stimulants, il est crucial de laisser du temps pour le jeu libre et l'ennui créatif. C'est souvent dans ces moments que l'imagination s'épanouit le plus.

**5. Montrer l'exemple** : Les adultes peuvent stimuler la créativité des enfants en partageant leurs propres idées créatives et en participant à des activités imaginatives avec eux.

Il est important de noter que chaque enfant exprime sa créativité et son imagination de manière unique. Certains peuvent exceller dans les arts visuels, d'autres dans la narration ou la résolution de problèmes. L'essentiel est de reconnaître et de valoriser ces expressions individuelles.

L'histoire d'Emma, 10 ans, illustre parfaitement ce point. Passionnée par la science, elle exprimait sa créativité en imaginant des expériences originales. Ses parents, au lieu de la pousser vers des activités artistiques plus conventionnelles, ont encouragé cette passion en lui offrant un kit de chimie. Emma a fini par créer un "parfum changeant de couleur" qui a remporté un prix lors de la foire scientifique de son école.

En cultivant la créativité débordante et l'imagination sans limites des enfants, nous leur offrons bien plus que des compétences artistiques. Nous les équipons d'outils puissants pour naviguer dans un monde en constante évolution, où l'adaptabilité et l'innovation sont des atouts précieux.

Ces super-pouvoirs, loin d'être des talents réservés à une élite, sont présents chez tous les enfants. Notre rôle, en tant que parents, éducateurs et société, est de créer un environnement auquel ces capacités peuvent s'épanouir pleinement.

Nourrissons donc ces graines de génie que sont la créativité et l'imagination. En le faisant, nous préparons nos enfants non seulement à réussir dans leur vie future, mais aussi à façonner un monde meilleur, plus innovant et plus empathique.

## 2.2 : L'empathie à fleur de peau

L'empathie, cette capacité à ressentir et à comprendre les émotions des autres, constitue l'un des super-pouvoirs les plus remarquables chez les enfants. Elle s'inscrit au cœur de l'intelligence intuitive et de la résilience créative, les deux facteurs principaux qui façonnent le développement émotionnel et social de l'enfant.

L'intelligence intuitive, notre premier facteur clé, se manifeste de manière éclatante à travers l'empathie. Les enfants dotés de ce super-pouvoir parviennent à décoder les émotions subtiles de leur entourage, souvent avant même que les adultes ne les perçoivent. Cette sensibilité aiguë leur permet de naviguer avec aisance dans le monde complexe des interactions sociales.

Prenons l'exemple de Léo, 5 ans. Lors d'une sortie au parc, il a remarqué qu'une petite fille semblait triste, assise seule sur un banc. Sans hésitation, Léo s'est approché d'elle, lui a offert son jouet préféré et l'a invitée à jouer. Ce geste simple, mais profond illustre parfaitement l'intelligence intuitive à l'œuvre dans l'empathie enfantine.

La résilience créative, notre second facteur clé, s'appuie sur l'empathie pour transformer les défis émotionnels en opportunités de croissance. Les enfants empathiques utilisent leur compréhension des émotions pour trouver des solutions originales aux conflits et pour surmonter leurs propres difficultés.

L'histoire de Chloé, 8 ans, met en lumière cette résilience empathique. Lorsqu'elle a appris que son meilleur ami déménageait, au lieu de se laisser submerger par la tristesse, Chloé a organisé une fête surprise. Elle a créé un "livre de souvenirs" rempli de dessins et de messages de tous leurs camarades. Cette initiative a non seulement aidé son ami à faire face au changement, mais a aussi permis à Chloé de transformer sa propre peine en un moment de partage et de joie.

Pour mieux comprendre l'importance de ce super-pouvoir, examinons son impact dans différents domaines du développement de l'enfant.

Sur le plan social, l'empathie joue un rôle crucial dans la formation et le maintien des relations. Une étude menée à l'Université de Cambridge a révélé que les enfants empathiques avaient tendance à avoir plus d'amis et à résoudre plus efficacement les conflits.

Le cas de Sofiane, 7 ans, illustre parfaitement ce phénomène. Dans sa classe, un nouvel élève avait du mal à s'intégrer en raison de sa timidité. Sofiane, percevant le malaise de son camarade, a pris l'initiative de l'inclure dans les jeux de groupe et de le présenter aux autres enfants. En quelques semaines, grâce à l'empathie de Sofiane, le nouvel élève s'est parfaitement intégré à la classe.

Sur le plan émotionnel, l'empathie aide les enfants à développer une meilleure compréhension et gestion de leurs propres émotions. En reconnaissant les sentiments des autres, ils apprennent à identifier et à exprimer les leurs de manière plus précise.

Emma, 6 ans, offre un bel exemple de cette intelligence émotionnelle. Après avoir vu sa mère pleurer suite à une mauvaise nouvelle, Emma lui a apporté sa peluche préférée en disant : "Quand je suis triste, câliner mon doudou me fait du bien. Peut-être que ça t'aidera aussi." Ce geste simple démontre non seulement l'empathie d'Emma, mais aussi sa capacité à transposer sa propre expérience émotionnelle pour aider les autres.

Sur le plan cognitif, l'empathie favorise le développement de la pensée critique et de la résolution de problèmes. Les enfants empathiques sont plus aptes à considérer différents points de vue, ce qui les assiste à aborder les défis de manière plus créative et globale.

Une expérience menée dans une école primaire de Toronto a mis en évidence cette corrélation. Les enseignants ont introduit un "conseil de classe" hebdomadaire où les élèves discutaient collectivement des problèmes rencontrés dans leur vie scolaire. Ils ont constaté que les enfants les plus empathiques proposaient souvent des solutions innovantes qui prenaient en compte les besoins de tous.

Pour cultiver ce super-pouvoir chez les enfants, plusieurs stratégies peuvent être mises en place :

**1. Modéliser l'empathie** : Les enfants apprennent beaucoup par l'observation. En montrant de l'empathie dans nos interactions quotidiennes, nous leur offrons un modèle puissant à suivre.

**2. Encourager l'expression des émotions** : Créez un environnement avec lequel les enfants se sentent en sécurité pour exprimer leurs sentiments. Utilisez des phrases comme "Je vois que tu es frustré" pour les aider à nommer leurs émotions.

**3. Lire des histoires qui mettent en scène l'empathie** : Les livres offrent une excellente opportunité de discuter des émotions et des perspectives des personnages.

**4. Jouer à des jeux de rôle** : Ces activités permettent aux enfants de se mettre à la place des autres et de développer leur compréhension émotionnelle.

**5. Pratiquer l'écoute active** : Montrez aux enfants comment écouter attentivement les autres, en posant des questions et en reformulant ce qu'ils ont entendu.

Il est important de noter que l'empathie se développe à des rythmes différents chez chaque enfant. Certains peuvent montrer une sensibilité naturelle dès leur plus jeune âge, tandis que d'autres auront besoin de plus de temps et de guidance pour développer pleinement cette compétence.

L'histoire de Théo, 9 ans, illustre bien ce point. Initialement perçu comme un enfant difficile en raison de ses fréquentes disputes avec ses camarades, Théo a bénéficié d'un programme scolaire axé sur le développement de l'empathie. À travers des jeux de rôle et des discussions guidées, il a progressivement appris à reconnaître et à comprendre les émotions des autres. En quelques mois, ses relations avec ses pairs se sont considérablement améliorées, et il est même devenu un médiateur apprécié lors des conflits dans la cour de récréation.

L'empathie à fleur de peau chez les enfants est bien plus qu'une simple qualité sociale. C'est un véritable super-pouvoir qui influence positivement tous les aspects de leur développement. En cultivant cette capacité, nous ne préparons pas seulement nos enfants à réussir dans leurs relations personnelles, mais nous les équipons également pour devenir des citoyens responsables et bienveillants.

Dans un monde de plus en plus connecté et complexe, l'empathie apparaît comme une compétence essentielle pour naviguer dans les défis du 21e siècle. Les enfants qui maîtrisent ce super-pouvoir seront mieux préparés à collaborer efficacement, à résoudre des problèmes de manière créative et à contribuer positivement à leur communauté.

Nourrissons donc cette graine précieuse qu'est l'empathie chez nos enfants. En le faisant, nous ne les aidons pas seulement à développer leur intelligence émotionnelle et sociale, mais nous contribuons aussi à façonner un monde plus compréhensif, plus solidaire et plus harmonieux.

L'empathie à fleur de peau n'est pas uniquement un atout pour l'enfant qui la possède, c'est un cadeau pour toute la société. En cultivant ce super-pouvoir, nous ouvrons la voie à un avenir sur lequel la compassion, la compréhension mutuelle et la coopération seront les piliers d'un monde meilleur.

## 2.3 : La soif insatiable de connaissances

La curiosité enfantine, cette force motrice qui pousse les plus jeunes à explorer sans relâche leur environnement, représente un véritable super-pouvoir. Elle s'inscrit au cœur de l'apprentissage autonome et de la résilience créative, les deux facteurs principaux qui façonnent le développement cognitif et émotionnel de l'enfant.

L'apprentissage autonome, notre premier facteur clé, se manifeste de manière éclatante à travers cette soif de connaissances. Les enfants dotés de ce super-pouvoir cherchent activement à comprendre le monde qui les entoure, explorent de leur propre initiative et développent des stratégies pour acquérir de nouvelles connaissances.

Prenons l'exemple de Léa, 6 ans. Lors d'une promenade dans le parc, elle s'est arrêtée devant chaque fleur, examinant minutieusement leurs pétales, leurs couleurs et leurs formes. Elle a bombardé ses parents de questions : "Pourquoi certaines fleurs sont-elles roses et d'autres jaunes ?", "Comment les abeilles savent-elles où trouver le nectar ?". Cette curiosité naturelle met en évidence de manière parfaite l'apprentissage autonome qui se déroule dans l'esprit d'un enfant plein de curiosité.

La résilience créative, notre second facteur clé, s'appuie sur cette curiosité pour transformer les obstacles en opportunités d'apprentissage. Les enfants curieux voient chaque défi comme une énigme à résoudre, une nouvelle chance d'acquérir des connaissances et des compétences.

L'histoire de Tom, 8 ans, met en lumière cette résilience curieuse. Lorsqu'il a reçu un puzzle complexe pour son anniversaire, au lieu de se décourager face à la difficulté, Tom a passé des heures à essayer différentes approches. Il a observé les formes, les couleurs, et a même créé un système de tri pour organiser les pièces. Sa persévérance, alimentée par sa curiosité, lui a permis non seulement de terminer le puzzle, mais aussi d'acquérir de nouvelles compétences en résolution de problèmes.

Pour mieux comprendre l'importance de ce super-pouvoir, examinons son impact dans différents domaines du développement de l'enfant.

Sur le plan cognitif, la curiosité joue un rôle crucial dans l'acquisition de nouvelles connaissances et le développement des capacités intellectuelles. Une étude menée à l'Université de Californie a révélé que les enfants les plus curieux obtenaient de meilleurs résultats scolaires, indépendamment de leur QI initial.

Le cas d'Emma, 9 ans, illustre parfaitement ce phénomène. Fascinée par l'espace, elle passait des heures à lire des livres sur l'astronomie, à regarder des documentaires et à poser des questions à ses professeurs. Cette passion l'a poussée à exceller non seulement en sciences, mais aussi en mathématiques et en anglais, car elle comprenait l'importance de ces matières pour poursuivre son rêve de devenir astronaute.

Sur le plan social, la curiosité aide les enfants à développer de meilleures compétences relationnelles. En s'intéressant aux autres et en posant des questions, ils apprennent à connaître différentes perspectives et cultures.

Malik, 7 ans, offre un bel exemple de cette curiosité sociale. Lorsqu'un nouvel élève venant d'un pays étranger est arrivé dans sa classe, Malik a été le premier à l'approcher. Il lui a posé des questions sur sa culture, sa langue et ses traditions. Cette curiosité bienveillante a non seulement aidé le nouvel élève à s'intégrer, mais a aussi enrichi les connaissances de Malik et de toute la classe sur le monde.

Sur le plan émotionnel, la curiosité favorise le développement de l'empathie et de la compréhension de soi. Les enfants curieux sont plus enclins à explorer leurs propres émotions et celles des autres.

Une expérience menée dans une école primaire de Montréal a mis en évidence cette corrélation. Les enseignants ont introduit un "journal des émotions" où les élèves étaient encouragés à noter et à explorer leurs sentiments quotidiens. Ils ont constaté que les enfants les plus curieux étaient souvent ceux qui développaient le vocabulaire émotionnel le plus riche et qui montraient une plus grande empathie envers leurs camarades.

Pour cultiver ce super-pouvoir chez les enfants, plusieurs stratégies peuvent être mises en place :

**Encourager les questions** : Au lieu de considérer les innombrables "pourquoi ?" Comme une source de perturbation, considérez-les comme des occasions d'apprentissage. Répondez avec patience et, si vous ne connaissez pas la réponse, cherchez-la ensemble.

**Créer un environnement stimulant** : Mettez à disposition des livres, des jeux éducatifs et des activités qui éveillent la curiosité. Un coin "découverte" à la maison peut devenir un véritable laboratoire d'apprentissage.

**Valoriser l'exploration** : Encouragez les enfants à explorer leur environnement de manière sûre. Les sorties nature, les visites de musées ou même les promenades dans le quartier peuvent devenir des aventures passionnantes.

**Montrer l'exemple** : Démontrez votre propre curiosité en posant des questions, en cherchant des informations et en partageant vos découvertes avec vos enfants.

**Utiliser la technologie de manière positive** : Les applications éducatives et les ressources en ligne peuvent être de formidables outils pour nourrir la curiosité, à condition d'être utilisées avec modération et sous supervision.

Il est important de noter que la curiosité se manifeste différemment chez chaque enfant. Certains peuvent montrer un intérêt intense pour un domaine spécifique, tandis que d'autres auront une curiosité plus générale.

L'histoire de Lucas, 10 ans, illustre bien ce point. Passionné par les insectes depuis son plus jeune âge, il a transformé cette curiosité spécifique en une véritable expertise. Il a créé un blog sur les insectes, partagé ses connaissances avec sa classe et même participé à un projet de science citoyenne pour suivre les populations de papillons locaux. Sa curiosité ciblée a non seulement enrichi ses connaissances, mais a aussi développé ses compétences en communication et en recherche.

La soif insatiable de connaissances chez les enfants est bien plus qu'une simple phase de développement. C'est un véritable moteur d'apprentissage et de croissance qui influence positivement tous les aspects de leur vie. En nourrissant cette curiosité, nous ne préparons pas seulement nos enfants à réussir académiquement, mais nous les équipons également pour devenir des apprenants tout au long de leur vie.

Dans un monde en constante évolution, où l'apprentissage continu est devenu une nécessité, la curiosité apparaît comme une compétence essentielle pour s'adapter aux défis du futur. Les enfants qui cultivent ce super-pouvoir seront mieux préparés à embrasser le changement, à innover et à contribuer de manière significative à la société.

Alimentons donc cette flamme précieuse qu'est la curiosité chez nos enfants. En le faisant, nous ne les aidons pas seulement à développer leur intelligence et leurs connaissances, mais nous contribuons par ailleurs à façonner des esprits ouverts, créatifs et prêts à relever les défis de demain.

La soif insatiable de connaissances n'est pas uniquement un atout pour l'enfant qui la possède, c'est un trésor pour toute la société. En cultivant ce super-pouvoir, nous ouvrons la voie à un avenir dans lequel l'innovation, la découverte et l'apprentissage continu seront les piliers d'un monde en perpétuelle évolution.

## 2.4 : Activité : Le jeu des "et si..." pour stimuler la réflexion créative

La créativité est un super-pouvoir qui sommeille en chaque enfant, attendant d'être réveillé et nourri. Le jeu des "et si..." représente un outil puissant pour cultiver cette capacité, en s'appuyant sur deux facteurs principaux : la pensée divergente et la flexibilité cognitive. Cette activité ludique ouvre les portes de l'imagination, permettant aux jeunes esprits de s'épanouir et de développer des compétences essentielles pour leur avenir.

La pensée divergente, notre premier facteur clé, est la capacité à générer de multiples solutions ou idées en réponse à un problème ou une question ouverte. Elle est au cœur de la créativité et de l'innovation. Le jeu des "et si..." stimule directement cette forme de réflexion en encourageant les enfants à explorer des scénarios inattendus et à envisager des possibilités au-delà du cadre conventionnel.

La flexibilité cognitive, notre second facteur principal, est l'aptitude à adapter sa pensée et son comportement en fonction de situations changeantes. Cette compétence est cruciale pour naviguer dans un monde en constante évolution. Le jeu des "et si..." renforce cette flexibilité en poussant les enfants à considérer différentes perspectives et à s'adapter à des scénarios hypothétiques variés.

Voyons maintenant comment mettre en pratique le jeu des "et si..." et ses bénéfices pour le développement des enfants.

Règles du jeu :

1. Choisissez un thème ou une situation de départ.

2. Posez une question commençant par "Et si...".

3. Incitez les enfants à répondre librement, sans jugement.

4. Explorez ensemble les conséquences et les possibilités de chaque réponse.

5. Continuez avec de nouvelles questions "Et si..." basées sur les réponses précédentes.

Exemples de questions "Et si..." :

- Et si les humains pouvaient voler ?

- Et si les animaux pouvaient parler ?

- Et si l'eau devenait violette ?

- Et si on pouvait voyager dans le temps ?

L'histoire de Sophie, 8 ans, illustre parfaitement l'impact de ce jeu. Lors d'une séance familiale, on lui a posé la question : "Et si les arbres pouvaient marcher ?". Sa réponse a été fascinante : "Les forêts pourraient se déplacer pour échapper aux incendies, et les arbres pourraient aller dans les déserts pour les transformer en oasis". Cette réponse a non seulement démontré sa créativité, mais a également ouvert une discussion sur l'écologie et la protection de l'environnement.

Le jeu des "et si..." offre de nombreux avantages pour le développement cognitif et émotionnel des enfants :

## 1. Stimulation de l'imagination :

En proposant des scénarios inhabituels, le jeu pousse les enfants à sortir des sentiers battus et à explorer des idées originales. Cela renforce leur capacité à penser de manière créative dans différentes situations.

## 2. Développement de la résolution de problèmes :

Face à des situations hypothétiques, les enfants doivent réfléchir aux conséquences et trouver des solutions innovantes. Cette compétence est précieuse pour faire face aux défis réels de la vie.

## 3. Amélioration des compétences linguistiques :

Le jeu encourage les enfants à s'exprimer verbalement, à élaborer leurs idées et à utiliser un vocabulaire varié pour décrire des concepts imaginaires.

## 4. Renforcement de l'empathie :

En se mettant dans la peau de personnages imaginaires ou en explorant des situations inhabituelles, les enfants développent leur capacité à comprendre différentes perspectives.

## 5. Encouragement de la pensée critique :

Le jeu pousse les enfants à analyser les conséquences de leurs idées et à réfléchir de manière logique aux implications de scénarios hypothétiques.

Une étude menée à l'Université de Cambridge a révélé que les enfants qui participaient régulièrement à des jeux de créativité comme le "et si..." montraient une amélioration significative de leurs capacités de résolution de problèmes et de leur flexibilité cognitive.

Le cas de Lucas, 10 ans, est particulièrement éloquent. Timide et peu sûr de lui au début, il a commencé à jouer au "et si..." avec sa classe. Au fil des semaines, ses enseignants ont remarqué qu'il participait de plus en plus activement aux discussions, proposant des idées originales et osant prendre la parole. Cette confiance nouvellement acquise s'est étendue à d'autres aspects de sa vie scolaire et personnelle.

Pour tirer le meilleur parti du jeu des "et si...", voici quelques conseils pratiques :

## 1. Créez une atmosphère bienveillante :

Assurez-vous que les enfants se sentent en sécurité pour partager leurs idées sans crainte d'être jugés. Valorisez toutes les contributions, même les plus farfelues.

## 2. Variez les thèmes :

Alternez entre des sujets fantastiques (comme la magie ou les super-pouvoirs) et des scénarios plus réalistes (comme des changements dans la vie quotidienne) pour stimuler différents types de réflexion.

### 3. Encouragez l'élaboration :

Poussez les enfants à développer leurs idées en leur posant des questions complémentaires. Par exemple, si un enfant dit que les arbres pourraient marcher, demandez-lui comment ils se déplaceraient ou où ils iraient.

### 4. Connectez-vous avec le monde réel :

Utilisez les réponses des enfants comme point de départ pour discuter de sujets plus sérieux. Par exemple, l'idée des arbres marchants pourrait mener à une conversation sur la déforestation et l'importance de protéger l'environnement.

### 5. Intégrez le jeu dans différentes activités :

Le "et si..." peut être adapté à diverses situations : pendant les trajets en voiture, lors des repas familiaux, ou même comme exercice d'écriture créative.

L'expérience de Mme Martin, enseignante en CE2, illustre l'efficacité de cette approche. Elle a intégré le jeu des "et si..." dans ses cours de sciences. Lors d'une leçon sur les états de la matière, elle a posé la question : "Et si l'eau ne gelait jamais ?". Les réponses des élèves ont conduit à des discussions fascinantes sur le climat, les écosystèmes et même la géographie. Cette approche a non seulement rendu le cours plus engageant, mais a également aidé les élèves à mieux comprendre l'importance de l'eau dans notre monde.

Le jeu des "et si..." peut également être utilisé pour aider les enfants à faire face à des situations difficiles ou à des changements dans leur vie. Par exemple, pour un enfant anxieux à l'idée de changer d'école, on pourrait poser la question : "Et si ta nouvelle école était sur une île tropicale ?". La pratique ludique de cette approche peut contribuer à dédramatiser la situation et à ouvrir des perspectives positives.

Il est important de noter que le jeu des "et si..." n'est pas réservé aux enfants. Les adultes peuvent aussi en bénéficier pour stimuler leur créativité, résoudre des problèmes professionnels ou simplement s'amuser en famille. En jouant avec leurs enfants, les parents peuvent redécouvrir leur propre créativité et renforcer les liens familiaux.

Le Dr Sarah Thompson, psychologue spécialisée dans le développement de l'enfant, souligne l'importance de la pensée créative dans notre société moderne : "Dans un monde qui évolue rapidement, la capacité à penser de manière créative et à s'adapter à de nouvelles situations est plus précieuse que jamais. Le jeu des 'et si...' est un outil simple mais puissant pour cultiver ces compétences essentielles dès le plus jeune âge."

En cultivant la pensée divergente et la flexibilité cognitive à travers le jeu des "et si...", nous équipons nos enfants d'outils précieux pour leur avenir. Cette activité ludique leur permet de développer une pensée créative, une résolution de problèmes innovante et une adaptabilité face aux défis futurs.

Alors, pourquoi ne pas commencer dès maintenant ? La prochaine fois que vous vous trouvez avec des enfants, lancez une question "Et si..." et observez leur imagination s'envoler. Vous pourriez être surpris par les idées brillantes et les discussions passionnantes qui en résultent. En nourrissant ce super-pouvoir de la créativité, nous ouvrons un monde de possibilités pour nos enfants et pour l'avenir.

# Chapitre 3 : Naviguer dans les eaux tumultueuses

La vie d'un enfant peut parfois ressembler à un voyage en mer agitée. Les défis, les changements et les émotions intenses sont autant de vagues qui viennent secouer leur petit navire. Pourtant, c'est dans ces moments tumultueux que les super-pouvoirs des enfants se révèlent véritablement. Ce chapitre explore comment les plus jeunes peuvent traverser ces eaux mouvementées en s'appuyant sur deux facteurs essentiels : la résilience émotionnelle et l'adaptabilité cognitive.

La résilience émotionnelle, notre premier facteur clé, est la capacité à rebondir face à l'adversité et à maintenir un équilibre psychologique malgré les difficultés. Telle une bouée de sauvetage, elle permet aux enfants de rester à flot même lorsque les vagues semblent insurmontables.

L'adaptabilité cognitive, notre second pilier, est l'aptitude à ajuster sa pensée et son comportement en fonction des circonstances changeantes. C'est le gouvernail qui permet aux enfants de manœuvrer habilement à travers les écueils de la vie.

Ces deux compétences ne sont pas innées, mais peuvent être développées et renforcées au fil du temps. Elles constituent le cœur de la capacité des enfants à surmonter les obstacles et à s'épanouir malgré les difficultés.

Au cours de ce chapitre, nous explorerons diverses situations qui mettent à l'épreuve la résilience et l'adaptabilité des enfants. Des déménagements aux conflits familiaux, en passant par les échecs scolaires et les défis sociaux, chaque expérience offre une opportunité de croissance et d'apprentissage.

Nous examinerons également des stratégies concrètes pour aider les enfants à développer ces super-pouvoirs. Des techniques de respiration pour gérer le stress aux jeux de rôle pour améliorer la flexibilité mentale, ces outils pratiques peuvent faire une réelle différence dans la vie quotidienne des enfants.

Les parents et les éducateurs jouent un rôle crucial dans ce processus. Leur soutien, leur guidance et leur exemple sont autant de phares qui guident les enfants à travers les tempêtes émotionnelles. Nous verrons comment les adultes peuvent créer un environnement propice au développement de la résilience et de l'adaptabilité.

Les pages suivantes sont remplies d'histoires inspirantes d'enfants qui ont su naviguer avec brio dans des situations difficiles. Ces récits illustrent la force remarquable qui réside en chaque enfant et montrent comment les super-pouvoirs de résilience et d'adaptabilité peuvent se manifester dans la vie réelle.

Alors que nous nous apprêtons à plonger dans ces eaux profondes, gardons à l'esprit que chaque défi est une occasion de grandir et de se renforcer. Les tempêtes de la vie sont inévitables, mais avec les bons outils et le bon soutien, nos enfants peuvent non seulement survivre, mais prospérer au milieu des turbulences.

La traversée qui nous attend promet d'être riche en enseignements. Elle nous révélera comment transformer les obstacles en tremplins et les difficultés en opportunités de croissance. À travers ce voyage, nous découvrirons que les super-pouvoirs de nos enfants brillent le plus fort lorsque les eaux sont les plus sombres.

Embarquons ensemble dans cette exploration fascinante des capacités extraordinaires de nos enfants à affronter l'adversité. Les pages qui suivent nous guideront à travers les méandres de la résilience émotionnelle et de l'adaptabilité cognitive, nous montrant comment ces super-pouvoirs peuvent illuminer même les situations les plus difficiles.

### 3.1 : Quand l'attention joue à cache-cache ?

L'attention, ce super-pouvoir souvent insaisissable, peut parfois sembler jouer à cache-cache avec nos enfants. Dans ce sous-chapitre, nous explorerons les défis liés à l'attention et comment les surmonter en nous concentrant sur deux facteurs principaux : la régulation cognitive et la stimulation environnementale.

La régulation cognitive, notre premier pilier, est la capacité à contrôler et à diriger ses processus mentaux. Elle permet aux enfants de focaliser leur attention sur une tâche spécifique, même en présence de distractions. La stimulation environnementale, notre second facteur clé, concerne l'impact de l'environnement sur la potentialité d'attention de l'enfant. Ces deux éléments interagissent constamment, influençant la façon dont nos jeunes naviguent dans le monde de la concentration.

Commençons par une histoire qui illustre parfaitement ce défi. Emma, 9 ans, était connue dans sa classe pour son esprit vif mais aussi pour sa difficulté à rester concentrée. Un jour, son enseignante, Mme Dubois, a remarqué qu'Emma était particulièrement agitée pendant un cours de mathématiques. Au lieu de la réprimander, Mme Dubois a décidé d'essayer une approche différente.

Elle a proposé à Emma de résoudre les problèmes de mathématiques en utilisant des objets tangibles - des cubes colorés - plutôt que de simplement écrire sur du papier. Le changement a été spectaculaire. Emma, qui auparavant ne pouvait pas rester assise plus de quelques minutes, a passé toute l'heure à manipuler les cubes et à résoudre les problèmes avec enthousiasme.

Cette anecdote met en lumière l'importance de la stimulation environnementale. En modifiant l'approche d'apprentissage pour qu'elle soit plus interactive et engageante, Mme Dubois a réussi à capter l'attention d'Emma et à la maintenir.

Mais qu'en est-il de la régulation cognitive ? C'est là qu'intervient l'histoire de Lucas, 11 ans. Lucas avait du mal à se concentrer sur ses devoirs à la maison. Ses parents, inquiets, ont consulté un psychologue spécialisé dans l'attention. Le spécialiste leur a suggéré d'utiliser la technique du "Pomodoro". Travailler pendant 25 minutes, puis faire une pause de 5 minutes.

Au début, Lucas trouvait difficile de se concentrer même durant 25 minutes. Mais avec de la pratique et le soutien de ses parents, il a progressivement amélioré sa capacité à réguler son attention. Après quelques semaines, Lucas pouvait travailler efficacement durant les sessions de 25 minutes, sachant qu'une pause l'attendait ensuite.

Ces deux histoires illustrent comment la régulation cognitive et la stimulation environnementale peuvent être utilisée pour aider les enfants à développer leur possibilité d'attention. Mais comment pouvons-nous appliquer ces principes dans la vie quotidienne ?

Voici quelques stratégies pratiques :

## 1. Créer un environnement propice à la concentration :

Éliminez les distractions visuelles et sonores. Un espace de travail ordonné et calme peut faire des merveilles pour l'attention d'un enfant.

## 2. Utiliser des aides visuelles :

Des listes de tâches, des minuteurs visuels ou des tableaux de progression peuvent aider les enfants à rester concentrés et à voir leur progrès.

## 3. Incorporer le mouvement :

De courtes pauses actives peuvent aider à recharger l'attention. Des exercices simples comme sauter sur place ou faire des étirements peuvent être bénéfiques.

## 4. Pratiquer la pleine conscience :

Des exercices de respiration ou de méditation adaptés aux enfants peuvent améliorer leur capacité à réguler leur attention.

## 5. Diviser les tâches en étapes gérables :

Cela peut rendre les grandes tâches moins intimidantes et plus faciles à aborder.

Une étude menée à l'Université de Cambridge a montré que les enfants qui pratiquaient régulièrement des exercices de pleine conscience amélioraient significativement leur compétence d'attention sur une période de trois mois. Cette recherche souligne l'importance de la régulation cognitive dans le développement de l'attention.

Par ailleurs, une expérience menée dans une école primaire de Lyon a démontré l'impact de la stimulation environnementale. Les enseignants ont introduit des "coins de calme" dans leurs salles de classe - des espaces confortables où les élèves pouvaient se retirer pour travailler tranquillement. Les résultats ont été frappants : les élèves qui utilisaient ces espaces montraient une amélioration de 30 % de leur temps de concentration par rapport à ceux qui restaient à leur bureau habituel.

Il convient de souligner que chacun des enfants est unique et ce qui fonctionne pour l'un peut ne pas fonctionner pour l'autre. C'est pourquoi il est crucial d'observer attentivement votre enfant et d'adapter les stratégies en conséquence.

Prenons l'exemple de Léa, 10 ans, qui avait du mal à se concentrer sur ses devoirs. Ses parents ont essayé plusieurs approches avant de trouver ce qui fonctionnait pour elle. Ils ont découvert que Léa travaillait mieux avec un bruit de fond léger, comme de la musique classique douce. De plus, elle aimait alterner entre des périodes de travail assis et debout. En personnalisant l'environnement de travail de Léa et en lui permettant de réguler son attention à sa manière, ses parents ont vu une nette amélioration de sa concentration.

Cependant, il est également important de reconnaître quand les difficultés d'attention peuvent nécessiter une aide professionnelle. Si les problèmes d'attention persistent malgré vos efforts et affectent significativement la vie quotidienne de votre enfant, il peut être utile de consulter un spécialiste.

Le Dr Marie Lefort, neuropsychologue spécialisée dans le développement de l'enfant, explique : "Les troubles de l'attention existent sur un spectre. Certains enfants ont simplement besoin d'un peu plus de soutien pour développer leurs compétences attentionnelles, tandis que d'autres peuvent avoir un trouble de l'attention qui nécessite une intervention plus spécialisée. L'important est d'être attentif aux besoins de votre enfant et de chercher de l'aide si nécessaire."

N'oublions pas que l'attention est comme un muscle - plus on l'exerce, plus elle devient forte. Encouragez votre enfant à pratiquer régulièrement des activités qui requièrent de la concentration, comme la lecture, les puzzles ou les jeux de stratégie. Ces activités peuvent être amusantes tout en renforçant les compétences attentionnelles.

Enfin, il est crucial de célébrer les progrès, même les plus petits. Lorsque votre enfant réussit à rester concentré plus longtemps que d'habitude ou termine une tâche sans distraction, reconnaissez cet effort. Cette reconnaissance positive renforce le comportement souhaité et incite l'enfant à continuer ses efforts.

L'attention peut sembler jouer à cache-cache, mais avec les bonnes stratégies et beaucoup de patience, elle peut devenir un fidèle compagnon de votre enfant. En travaillant sur la régulation cognitive et en optimisant la stimulation environnementale, vous pouvez aider votre enfant à développer ce super-pouvoir essentiel qu'est l'attention.

Rappelez-vous, le chemin vers une meilleure attention n'est pas toujours linéaire. Il y aura des hauts et des bas, des jours où l'attention paraîtra plus insaisissable que jamais. Mais chaque effort, chaque petit progrès compte. Avec le temps et la pratique, votre enfant apprendra à maîtriser ce super-pouvoir, ouvrant ainsi la porte à un monde d'apprentissage et de réussite.

## 3.2 : Le tourbillon des émotions intenses

Les émotions sont comme des vagues dans l'océan de la vie d'un enfant - parfois douces et apaisantes, d'autres fois puissantes et tumultueuses. Dans ce tourbillon émotionnel, deux facteurs principaux jouent un rôle crucial : l'intelligence émotionnelle et la régulation émotionnelle.

L'intelligence émotionnelle, notre premier pilier, est la capacité à reconnaître, comprendre et gérer ses propres émotions, ainsi que celles des autres. La régulation émotionnelle, notre second facteur clé, est l'aptitude à moduler l'intensité et l'expression de ces émotions. Ensemble, ces compétences forment le cœur de la résilience émotionnelle d'un enfant.

Prenons l'exemple de Léa, 8 ans, connus pour ses crises de colère explosives. Un jour, alors qu'elle jouait avec son frère, celui-ci a accidentellement cassé son jouet préféré. Au lieu de sa réaction habituelle de cris et de larmes, Léa a pris une profonde inspiration et a dit calmement : "Je suis vraiment triste et en colère que mon jouet soit cassé, mais je sais que tu ne l'as pas fait exprès."

Cette anecdote illustre parfaitement l'intelligence émotionnelle en action. Léa a reconnu ses émotions, les a exprimées de manière appropriée, et a fait preuve d'empathie envers son frère. Ce changement ne s'est pas produit du jour au lendemain. Il est le résultat d'un travail patient de ses parents et de son enseignante pour l'aider à développer son intelligence émotionnelle.

La régulation émotionnelle, quant à elle, peut être illustrée par l'histoire de Thomas, 10 ans, qui avait du mal à gérer son anxiété avant les examens. Ses parents ont travaillé avec lui sur des techniques de respiration et de visualisation. Le jour de son examen de mathématiques, Thomas a senti l'anxiété monter. Au lieu de se laisser submerger, il a appliqué ses techniques de respiration et s'est visualisé réussissant l'examen. Cette capacité à réguler ses émotions lui a permis de rester calme et concentré pendant l'épreuve.

Ces histoires mettent en lumière l'importance de l'intelligence et de la régulation émotionnelles. Mais comment pouvons-nous aider nos enfants à développer ces compétences essentielles ?

Voici quelques stratégies pratiques :

**1. Nommer les émotions** :

Encouragez votre enfant à identifier et à nommer ses émotions. Un "baromètre des émotions" peut être un outil visuel utile pour les plus jeunes.

**2. Valider les sentiments** :

Montrez à votre enfant que toutes les émotions sont acceptables, même si certains comportements ne le sont pas.

**3. Enseigner des techniques de calme :**

La respiration profonde, le comptage à rebours, ou la visualisation sont des outils précieux pour gérer les émotions intenses.

## 4. Modéliser une bonne gestion émotionnelle :

Les enfants apprennent beaucoup en observant. Montrez-leur comment vous gérez de manière saine vos propres émotions.

## 5. Pratiquer l'empathie :

Encouragez votre enfant à considérer les sentiments des autres, ce qui renforce l'intelligence émotionnelle.

Une étude menée à l'Université de Yale a montré que les enfants qui participaient à un programme d'intelligence émotionnelle pendant un an montraient une amélioration significative de leurs compétences sociales et de leur bien-être émotionnel. Cette recherche souligne l'importance de cultiver activement ces compétences chez nos enfants.

Par ailleurs, une expérience menée dans une école primaire de Bordeaux a démontré l'impact de la régulation émotionnelle sur les performances scolaires. Les enseignants ont introduit des "moments de pleine conscience" au début de chaque journée. Après six mois, ils ont constaté une réduction de 40% des incidents de comportement perturbateur et une amélioration générale des résultats académiques.

Il est crucial de comprendre que chaque enfant est unique dans sa façon de ressentir et d'exprimer ses émotions. Ce qui fonctionne pour un enfant peut ne pas fonctionner pour un autre. C'est pourquoi il est important d'observer attentivement votre enfant et d'adapter vos approches en conséquence.

Prenons l'exemple de Sofiane, 9 ans, qui avait du mal à gérer sa frustration lors des jeux de société. Ses parents ont essayé plusieurs approches avant de trouver ce qui fonctionnait pour lui. Ils ont découvert que Sofiane réagissait bien à l'utilisation de métaphores. Ils ont comparé ses émotions à un volcan, lui expliquant qu'il pouvait sentir la "lave" (la frustration) monter, mais qu'il avait le pouvoir de "refroidir" le volcan avant qu'il n'entre en éruption. Cette approche personnalisée a aidé Sofiane à mieux comprendre et gérer ses émotions.

Cependant, il est également important de reconnaître quand les défis émotionnels peuvent nécessiter une aide professionnelle. Si les difficultés émotionnelles persistent malgré vos efforts et affectent significativement la vie quotidienne de votre enfant, il peut être bénéfique de consulter un spécialiste.

La Dr. Sophie Martin, psychologue clinicienne spécialisée dans le développement de l'enfant, explique : "Les émotions intenses font partie intégrante du développement de l'enfant. Cependant, si un enfant semble constamment submergé par ses émotions au point que cela affecte ses relations ou ses performances scolaires, il peut être utile de chercher un soutien professionnel. Un spécialiste peut fournir des outils supplémentaires adaptés aux besoins spécifiques de l'enfant."

N'oublions pas que le développement de l'intelligence émotionnelle et de la régulation émotionnelle est un processus continu. Comme pour n'importe quel apprentissage, il est primordial de pratiquer régulièrement. Encouragez votre enfant à utiliser ses compétences émotionnelles dans diverses situations, que ce soit à la maison, à l'école ou avec des amis.

Il est également crucial de célébrer les progrès, même les plus petits. Lorsque votre enfant gère efficacement une situation émotionnellement difficile, reconnaissez cet effort. Cette reconnaissance positive renforce le comportement souhaité et encourage l'enfant à continuer à développer ses compétences émotionnelles.

Le monde émotionnel d'un enfant peut parfois ressembler à un tourbillon intense, mais avec les bonnes compétences et le soutien approprié, il peut apprendre à naviguer dans ces eaux tumultueuses avec confiance. En travaillant sur l'intelligence émotionnelle et la régulation émotionnelle, vous donnez à votre enfant des outils précieux qui l'aideront tout au long de sa vie.

Rappelez-vous, le chemin vers la maîtrise émotionnelle n'est pas toujours linéaire. Il y aura des hauts et des bas, des moments où les émotions sembleront plus intenses et difficiles à gérer que jamais. Mais chaque effort, chaque petit progrès compte. Avec le temps et la pratique, votre enfant apprendra à surfer sur les vagues de ses émotions plutôt que d'être submergé par elles.

En cultivant ces compétences émotionnelles essentielles, vous offrez à votre enfant un cadeau inestimable : la capacité de comprendre et de gérer ses propres émotions, ainsi que de naviguer avec empathie dans le monde émotionnel des autres. C'est un super-pouvoir qui l'aidera non seulement dans son développement personnel, mais aussi dans ses relations futures et sa réussite dans la vie.

### 3.3 : Se faire une place dans un monde qui va trop vite

Le rythme effréné de notre société moderne ne cesse de s'accélérer, bousculant nos habitudes et nos certitudes. Dans cette course effrénée, deux qualités se révèlent indispensables : l'adaptabilité et la persévérance. Ces atouts précieux nous permettent de naviguer avec agilité dans les eaux tumultueuses du changement perpétuel.

L'adaptabilité, c'est cette capacité à ajuster nos voiles face aux vents changeants de la vie. Elle nous permet de rester à flot quand tout autour de nous semble chavirer. La persévérance, quant à elle, est notre ancre, nous maintenant fermement sur notre cap malgré les tempêtes qui font rage.

Prenons l'exemple de la famille Martin. Lorsque la pandémie a frappé, leur quotidien a été bouleversé du jour au lendemain. Les parents ont dû jongler entre télétravail et école à la maison pour leurs deux enfants, Léa (8 ans) et Lucas (12 ans). Madame Martin raconte : "Au début, c'était le chaos total. Mais petit à petit, nous avons trouvé notre rythme. Les enfants ont appris à être plus autonomes dans leurs études, et nous avons découvert de nouvelles façons de travailler efficacement de la maison."

Cette expérience familiale illustre parfaitement comment l'adaptabilité peut être cultivée dès le plus jeune âge. Les enfants, souvent plus flexibles que les adultes, peuvent nous enseigner beaucoup sur l'art de s'adapter.

La persévérance, elle aussi, joue un rôle crucial. Considérons le cas de Sarah, une lycéenne de 16 ans passionnée de robotique. Lorsqu'elle a commencé à construire son premier robot, rien ne fonctionnait comme prévu. Mais au lieu de baisser les bras, Sarah a persisté. Elle a passé des heures à ajuster, reprogrammer, et réessayer. Aujourd'hui, son robot a remporté plusieurs concours régionaux, et Sarah envisage une carrière en ingénierie.

L'histoire de Sarah nous rappelle que la persévérance est une qualité qui se cultive dès l'adolescence et qui porte ses fruits tout au long de la vie.

Mais comment encourager ces qualités chez nos jeunes et les développer nous-mêmes ? Voici quelques stratégies efficaces :

**1. Stimuler la curiosité** : Encouragez l'exploration de nouvelles idées et expériences. La curiosité est le moteur de l'adaptabilité.

**2. Mettre l'accent sur l'effort** : Prenez en compte le processus d'apprentissage plutôt que le résultat obtenu. Cela favorise une mentalité de croissance et renforce la persévérance.

**3. Créer un environnement propice à l'apprentissage par l'erreur** : Montrez que les échecs sont des tremplins vers le succès, pas des obstacles insurmontables.

**4. Exercer la flexibilité cognitive** : Encouragez la résolution de problèmes de manières variées et créatives.

**5. Développer la résilience émotionnelle** : Apprenez à gérer le stress et les émotions difficiles, et transmettez ces compétences aux plus jeunes.

Une étude menée par l'Université de Stanford a révélé que les individus qui développent tôt l'adaptabilité et la persévérance ont 40% plus de chances de réussir professionnellement et personnellement à l'âge adulte. Ces compétences sont donc des investissements précieux pour l'avenir.

Le Dr. Sophie Durand, psychologue spécialisée dans le développement de l'enfant, explique : "Dans notre monde en constante mutation, il est primordial d'équiper nos jeunes avec les outils émotionnels et cognitifs nécessaires pour naviguer dans l'incertitude. L'adaptabilité et la persévérance sont parmi les compétences les plus cruciales que nous puissions leur transmettre."

Il est essentiel de noter que chaque individu, quel que soit son âge, a sa propre façon de s'adapter et de persévérer. Certains trouvent du réconfort dans des routines stables, tandis que d'autres s'épanouissent dans la variété. L'important est de reconnaître et de valoriser ces différences individuelles.

Les parents et les éducateurs jouent un rôle fondamental dans ce processus. En montrant l'exemple, en étant eux-mêmes adaptables et persévérants, ils offrent aux jeunes un modèle puissant. Selon l'adage, "les actes sont plus puissants que les paroles".

Marc, père de deux adolescents, partage son expérience : "Quand j'ai perdu mon emploi l'année dernière, j'ai d'abord été dévasté. Mais j'ai réalisé que c'était l'occasion de montrer à mes enfants comment rebondir face à l'adversité. J'ai ouvertement parlé de mes inquiétudes, mais aussi de mes efforts pour trouver de nouvelles opportunités. Cela a ouvert des discussions enrichissantes sur la résilience et l'adaptabilité."

L'expérience de Marc souligne l'importance de la communication ouverte en famille. Partager nos défis et nos succès crée un environnement où l'adaptabilité et la persévérance sont valorisées et pratiquées collectivement.

Pour les jeunes comme pour les adultes, il est crucial de célébrer les petites victoires. Chaque fois qu'un enfant surmonte un obstacle ou s'adapte à un changement, c'est l'occasion de reconnaître ses efforts et de renforcer sa confiance.

Le monde professionnel n'est pas en reste. De nombreuses entreprises reconnaissent maintenant l'importance de ces compétences. Google, par exemple, a mis en place des programmes de formation pour développer l'adaptabilité et la persévérance de ses employés. Le résultat ? Une augmentation de 25% de la productivité et une amélioration significative de la satisfaction au travail.

L'éducation formelle commence également à prendre en compte ces compétences essentielles. Certaines écoles intègrent désormais des cours de "compétences de vie" dans leur programme, enseignant aux élèves comment gérer le changement et persister face aux défis.

La technologie elle-même peut être un outil précieux pour développer ces compétences. Des applications de méditation et de pleine conscience aident à cultiver la résilience émotionnelle, tandis que des jeux éducatifs en ligne encouragent la résolution créative de problèmes et l'adaptabilité.

Cependant, il est important de trouver un équilibre. Bien que l'adaptabilité soit cruciale, il est tout aussi important de savoir quand tenir bon et persévérer dans ses convictions. Comme le dit si bien le philosophe grec Héraclite : "Le seul constant est le changement". Mais cela ne signifie pas que nous devons changer qui nous sommes fondamentalement.

L'art de se faire une place dans un monde qui va trop vite réside dans la capacité à discerner ce qui doit changer et ce qui doit rester constant. C'est un équilibre délicat entre flexibilité et stabilité, entre ouverture au changement et fidélité à ses valeurs fondamentales.

En fin de compte, naviguer dans ce monde en constante évolution est un défi pour tous les âges. Mais en cultivant l'adaptabilité et la persévérance dès le plus jeune âge, nous nous équipons - et équipons nos enfants - des outils nécessaires pour non seulement survivre, mais prospérer dans ce monde en perpétuel mouvement.

Le changement est la seule constante dans la vie. En embrassant cette réalité et en développant les compétences nécessaires pour y faire face, nous pouvons transformer les défis en opportunités de croissance, quel que soit notre âge. Ainsi, nous ne nous contentons pas de suivre le rythme effréné du monde, mais nous apprenons à danser avec lui, créant notre propre mélodie dans la symphonie du changement.

## 3.4 : Exercice : Le journal des défis et des victoires

La vie est une série de hauts et de bas, un parcours semé d'embûches et de réussites. Pour mieux naviguer dans ce labyrinthe d'expériences, rien de tel que de tenir un journal des défis et des victoires. Cet outil puissant permet non seulement de suivre notre progression, mais aussi de cultiver la résilience et la confiance en soi.

L'essence de cet exercice réside dans deux aspects fondamentaux : l'observation et la réflexion. En observant attentivement nos défis quotidiens et en réfléchissant à nos victoires, petites ou grandes, nous développons une conscience accrue de notre propre croissance.

Commençons par le côté pratique. Pour commencer votre journal, choisissez un support qui vous convient. Certains préfèrent l'écriture manuscrite dans un beau carnet, d'autres optent pour une application numérique sur leur smartphone. L'important est de choisir une méthode que vous utiliserez régulièrement.

Structurez votre journal en deux colonnes : "Défis" et "Victoires". Chaque jour, prenez quelques minutes pour noter au moins un défi auquel vous avez été confronté et une victoire que vous avez remportée, aussi modeste soit-elle.

Prenons l'exemple de Léa, une lycéenne de 16 ans. Voici à quoi pourrait ressembler une entrée de son journal :

**Défi** : "J'ai eu du mal à comprendre le nouveau chapitre de mathématiques sur les fonctions trigonométriques."

**Victoire** : "Après avoir terminé le cours, j'ai sollicité l'assistance de mon professeur et j'ai réussi à résoudre deux problèmes que je ne comprenais pas auparavant."

Cette simple action de noter ses expériences a eu un impact significatif sur Léa. Elle raconte : "Au départ, je croyais que c'était une perte de temps. Mais après quelques semaines, j'ai réalisé que je devenais plus consciente de mes progrès. Même les jours difficiles, je pouvais toujours trouver une petite victoire à célébrer."

L'expérience de Léa illustre parfaitement comment cet exercice peut transformer notre perception des défis quotidiens. Au lieu de se focaliser uniquement sur les obstacles, nous apprenons à reconnaître et à apprécier nos réussites, aussi minimes soient-elles.

Pour les parents, cet exercice peut devenir une activité familiale enrichissante. Marc, père de deux enfants, a instauré un rituel du "journal des défis et des victoires" lors du dîner. Chaque membre de la famille partage un défi et une victoire de sa journée. "Cela a complètement changé nos conversations", explique-t-il. "Nous sommes devenus plus ouverts sur nos difficultés et plus enthousiastes à célébrer nos réussites mutuelles."

Le Dr. Emma Chen, psychologue spécialisée en thérapie cognitive, souligne l'importance de cet exercice : "Tenir un journal des défis et des victoires aide à rééquilibrer notre perception. Trop souvent, nous nous concentrons sur nos échecs et minimisons nos réussites. Cet exercice nous permet de voir notre vie sous un jour plus équilibré et positif."

Une étude menée par l'Université de Californie a révélé que les personnes pratiquant régulièrement cet exercice pendant trois mois ont rapporté une augmentation de 40% de leur sentiment d'auto-efficacité et une réduction de 30% des symptômes d'anxiété.

Mais comment tirer le meilleur parti de cet exercice ? Voici quelques conseils pour maximiser son impact :

**1. Soyez spécifique** : Au lieu d'écrire "J'ai eu une bonne journée", détaillez ce qui a rendu cette bonne journée.

**2. Reconnaissez les petites victoires** : Parfois, se lever du lit un jour difficile est une victoire en soi. Ne sous-estimez pas ces moments.

**3. Réfléchissez aux leçons apprises** : Pour chaque défi, notez ce que vous avez appris ou comment vous pourriez l'aborder différemment la prochaine fois.

**4. Soyez honnête** : N'hésitez pas à noter les vrais défis. L'objectif n'est pas de paraître parfait, mais d'être authentique.

**5. Relisez régulièrement** : Prenez le temps de relire vos entrées précédentes. Vous serez surpris de voir combien vous avez avancé.

Sophie, une femme de 35 ans en reconversion professionnelle, témoigne : "Quand j'ai commencé ma formation en programmation, j'étais submergée. Chaque jour semblait apporter son lot de nouvelles difficultés. Mais en tenant mon journal, j'ai réalisé que je progressais constamment. Voir noir sur blanc toutes les petites victoires que j'accumulais m'a donné la force de persévérer."

L'histoire de Sophie met en lumière un autre avantage de cet exercice : il nous aide à développer une mentalité de croissance. En reconnaissant nos progrès, même minimes, nous renforçons notre conviction que nous pouvons apprendre et nous améliorer.

Pour les adolescents, cet exercice peut être particulièrement bénéfique. L'adolescence est une période de changements rapides et de défis émotionnels intenses. Le journal des défis et des victoires peut servir d'ancre, aidant les jeunes à naviguer dans ces eaux tumultueuses avec plus de confiance.

Lucas, 14 ans, partage son expérience : "Au début, je trouvais ça nul. Mais après un mois, j'ai relu mon journal et j'ai été surpris. J'avais surmonté tellement de choses dont je ne me souvenais même plus ! Ça m'a fait réaliser que je suis plus fort que je ne le pensais."

Le témoignage de Lucas souligne un point crucial : souvent, nous oublions nos victoires passées lorsque nous sommes confrontés à de nouveaux défis. Ce journal sert de rappel tangible de notre résilience et de notre capacité à surmonter les obstacles.

Pour ceux qui ont du mal à écrire régulièrement, il existe des alternatives créatives. Certains préfèrent utiliser des autocollants ou des dessins pour représenter leurs défis et leurs victoires. D'autres optent pour des enregistrements audio ou vidéo.

L'essentiel est de trouver une méthode qui vous convient et que vous pouvez maintenir sur le long terme.

Les entreprises commencent également à reconnaître la valeur de cette pratique. Certaines ont mis en place des "journaux de bord d'équipe" où les employés partagent collectivement leurs défis et leurs victoires. Cette approche a non seulement amélioré la cohésion d'équipe, mais a aussi contribué à une culture d'entreprise plus positive et résiliente.

Il est important de noter que cet exercice n'est pas destiné à minimiser les difficultés réelles auxquelles nous sommes confrontés. Au contraire, il nous permet de les reconnaître pleinement tout en cultivant une perspective plus équilibrée. En accordant une attention égale à nos défis et à nos victoires, nous développons une vision plus nuancée et réaliste de notre parcours.

Le journal des défis et des victoires est plus qu'un simple exercice d'écriture. C'est un outil de développement personnel, un miroir qui reflète notre croissance, et un rappel constant de notre capacité à surmonter les obstacles. Il nous enseigne à célébrer nos progrès, à apprendre de nos difficultés, et à cultiver une attitude positive face aux défis de la vie.

Alors, pourquoi ne pas commencer dès aujourd'hui ? Prenez un stylo, ouvrez un nouveau document sur votre ordinateur, ou téléchargez une application de journal. Notez un défi que vous avez rencontré aujourd'hui et une victoire, aussi petite soit-elle, que vous avez remportée. Vous venez de faire le premier pas vers une vie plus consciente et épanouissante.

Rappelez-vous, chaque jour apporte son lot de défis et de victoires. En les reconnaissant et en les célébrant, nous tissons la trame d'une vie riche en expériences et en apprentissages. Ce journal devient ainsi non seulement un témoin de notre parcours, mais aussi un compagnon fidèle dans notre quête de croissance personnelle.

# Partie II : Cultiver le don de la pensée profonde

L'ère numérique dans laquelle nous vivons offre à nos enfants un accès sans précédent à l'information. Cependant, cette abondance de données pose un défi majeur : comment aider nos jeunes à développer une réflexion approfondie dans un monde dominé par l'instantanéité et la superficialité ?

La pensée profonde chez les enfants repose sur deux piliers essentiels : la curiosité intellectuelle et la capacité d'analyse critique. Ces compétences, loin d'être innées, peuvent et doivent être cultivées dès le plus jeune âge.

La curiosité intellectuelle est le moteur qui pousse les enfants à explorer, à questionner et à chercher à comprendre le monde qui les entoure. Elle les incite à aller au-delà des apparences, à creuser sous la surface des choses. Un enfant curieux ne se contente pas de savoir "quoi", il veut comprendre le "pourquoi" et le "comment".

La possibilité d'analyse critique, quant à elle, permet aux enfants de traiter l'information de manière réfléchie. Elle les aide à discerner les faits des opinions, à reconnaître les biais et à formuler leurs propres conclusions. Dans un monde avec lequel la désinformation est omniprésente, cette compétence est cruciale pour naviguer dans l'océan d'informations qui les entoure.

Ensemble, ces deux éléments forment le socle de la pensée profonde chez l'enfant. Ils lui permettent de développer une compréhension riche et nuancée du monde, plutôt que de se contenter d'une vision superficielle et fragmentée.

Mais pourquoi est-il si important de cultiver cette capacité chez nos enfants ?

Tout d'abord, la pensée profonde favorise la créativité. Les enfants capables de réfléchir en profondeur sont plus aptes à faire des connexions inattendues entre différentes idées, ouvrant ainsi la voie à l'innovation et à l'originalité.

Ensuite, elle améliore la résolution de problèmes. En analysant les situations sous différents angles, les enfants développent leur capacité à trouver des solutions innovantes aux défis qu'ils rencontrent.

De plus, la pensée profonde renforce l'empathie. En réfléchissant de manière approfondie aux situations et aux perspectives des autres, les enfants développent une meilleure compréhension du monde qui les entoure et des personnes qui le composent.

Enfin, elle prépare nos enfants pour l'avenir. Dans un monde en constante évolution, la capacité à réfléchir de manière critique et approfondie sera un atout majeur pour s'adapter aux changements et saisir les opportunités.

Nous découvrirons comment intégrer la pensée profonde dans la vie quotidienne de nos enfants, que ce soit à travers des jeux, des conversations ou des activités créatives. Car contrairement à ce que l'on pourrait croire, la pensée profonde n'est pas une activité réservée aux adultes ou aux moments d'étude formelle. Elle peut et doit être encouragée dans tous les aspects de la vie de l'enfant.

Cette partie du livre vous invite à un parcours passionnant : celui d'aider vos enfants à explorer les profondeurs de leur propre esprit. Vous allez découvrir comment transformer leur curiosité naturelle en un puissant outil de réflexion, capable de générer des idées originales, de résoudre des problèmes complexes et de donner un sens plus profond à leur apprentissage et à leur vie.

L'aventure qui s'ouvre devant vous est celle de l'éveil intellectuel de vos enfants. Elle promet d'être riche en découvertes, en défis et en moments de joie partagée. Alors, êtes-vous prêt à plonger dans cette exploration fascinante ?

# Chapitre 4 : L'art d'accompagner sans étouffer

L'éducation des enfants est un défi permanent, un équilibre délicat entre guidance et liberté. Comment pouvons-nous, en tant que parents, accompagner nos enfants dans leur développement sans pour autant entraver leur autonomie ? Ce chapitre explore l'art subtil d'être présent pour nos enfants tout en leur laissant l'espace nécessaire pour grandir et s'épanouir.

Deux facteurs principaux entrent en jeu dans cet accompagnement équilibré : le soutien bienveillant et l'encouragement à l'indépendance.

Le soutien bienveillant consiste à être présent pour nos enfants, à les écouter, à les comprendre et à les guider avec patience et empathie. Il s'agit de créer un environnement sécurisant où ils se sentent aimés et valorisés, quels que soient leurs succès ou leurs échecs.

L'encouragement à l'indépendance, quant à lui, implique de donner à nos enfants les outils et la confiance nécessaires pour explorer le monde par eux-mêmes. Cela signifie les laisser prendre des risques calculés, faire leurs propres erreurs et en tirer des leçons.

Ces deux éléments, loin d'être contradictoires, se complètent harmonieusement. Un enfant qui se sent soutenu aura plus de courage pour tenter de nouvelles expériences. Parallèlement, un enfant encouragé à être indépendant développera une confiance en soi qui renforcera son lien avec ses parents.

Mais pourquoi est-il si important de trouver cet équilibre ?

Tout d'abord, cela favorise le développement de l'estime de soi. Un enfant qui sent qu'on lui fait confiance pour résoudre ses propres problèmes, tout en sachant qu'il peut compter sur le soutien de ses parents si nécessaire, développera une image positive de lui-même.

Ensuite, cela encourage la résilience. En permettant à nos enfants de faire face à des défis adaptés à leur âge, nous les aidons à développer la capacité de rebondir face aux difficultés.

De plus, cet équilibre facilité la créativité et l'innovation. Un enfant qui n'a pas peur d'échouer sera plus enclin à essayer de nouvelles approches et à penser de manière originale.

Enfin, cela prépare nos enfants à l'âge adulte. En leur donnant progressivement plus de responsabilités et d'autonomie, nous les équipons pour faire face aux défis de la vie adulte.

Dans les pages qui suivent, nous explorerons diverses stratégies pour mettre en pratique cet art délicat. Nous verrons comment établir des limites claires tout en laissant de la place à la négociation, comment approuver la prise de décision chez nos enfants, et comment les soutenir dans leurs échecs sans pour autant résoudre tous leurs problèmes à leur place.

Nous aborderons également la question de l'adaptation de notre approche en fonction de l'âge et de la personnalité de chaque enfant. Car il n'existe pas de formule universelle : chaque enfant est unique et nécessite une approche personnalisée.

Ce chapitre vous invite à réfléchir sur votre propre style parental. Il vous incite à remettre en question certaines de vos habitudes et à explorer de nouvelles façons d'interagir avec vos enfants. Vous découvrirez comment trouver le juste milieu entre protection et liberté, entre guidance et autonomie.

L'objectif ultime est de former des individus confiants, capables de penser par eux-mêmes et de faire face aux défis de la vie, tout en sachant qu'ils peuvent compter sur le soutien inconditionnel de leurs parents. C'est un objectif ambitieux, mais avec de la patience, de la réflexion et de l'amour, il est à portée de main.

Alors, êtes-vous prêt à explorer cette nouvelle démarche d'accompagner vos enfants ? À trouver cet équilibre subtil qui leur permettra de s'épanouir pleinement ? La suite de ce chapitre vous guidera pas à pas dans cette passionnante aventure parentale.

## 4.1 : <u>Créer un cocon bienveillant pour l'esprit en effervescence</u>

L'esprit d'un enfant est comme un volcan en constante activité, bouillonnant d'idées, de questions et d'émotions. Notre rôle, en tant que parents, est de créer un environnement auquel cette effervescence peut s'exprimer librement, sans risque d'explosion dévastatrice. C'est là qu'entre en jeu le concept de "cocon bienveillant".

Ce cocon repose sur deux piliers fondamentaux : la sécurité émotionnelle et la stimulation intellectuelle. Ces deux éléments, lorsqu'ils sont savamment dosés, permettent à nos enfants de développer leur plein potentiel tout en se sentant aimés et soutenus.

La sécurité émotionnelle est le socle sur lequel tout le reste se construit. Elle se manifeste par une présence rassurante, une écoute attentive et une acceptation inconditionnelle de l'enfant, avec ses forces et ses faiblesses.

Prenons l'exemple de Sophie, 7 ans, qui rentre de l'école en larmes après avoir échoué à un test de mathématiques. Au lieu de la réprimander ou de minimiser son chagrin, sa mère l'accueille avec un câlin et lui dit : "Je vois que tu es très triste. C'est normal de se sentir ainsi quand on a travaillé dur et que le résultat n'est pas celui qu'on espérait. Veux-tu m'en parler ?" Cette approche permet à Sophie de ressentir une certaine compréhension et un soutien, ce qui l'aide à surmonter sa déception et à envisager des moyens d'avancer.

La stimulation intellectuelle, quant à elle, consiste à nourrir la curiosité naturelle de l'enfant et à l'encourager à explorer de nouvelles idées. Il ne s'agit pas de le bombarder d'informations, mais plutôt de créer des opportunités d'apprentissage ludiques et engageantes.

Le Dr. Maria Montessori, pionnière de l'éducation alternative, a mis en lumière l'importance de l'environnement dans l'apprentissage des enfants. Elle préconisait la création d'espaces adaptés à leur taille et à leurs intérêts, où ils pouvaient explorer et apprendre par eux-mêmes. Cette approche peut être appliquée à la maison.

Par exemple, les parents de Thomas, 5 ans, ont aménagé un coin "découverte" dans sa chambre. Ils y ont placé une petite bibliothèque avec des livres sur divers sujets, un microscope adapté aux enfants, des puzzles et des jeux de construction. Thomas passe des heures à explorer ce coin, posant mille et une questions à ses parents qui le guident sans lui imposer de direction.

Mais comment trouver l'équilibre entre ces deux aspects ? Comment créer un cocon qui soit à la fois rassurant et stimulant ?

La clé réside dans l'observation attentive de nos enfants et l'adaptation constante de notre approche. Chaque enfant est différent, possédant ses propres besoins et son propre rythme de croissance. Ce qui fonctionne pour l'un peut ne pas convenir à l'autre.

Les rituels quotidiens peuvent jouer un rôle crucial dans la création de ce cocon bienveillant. Ils offrent une structure rassurante tout en laissant place à la créativité et à l'exploration.

La famille Dubois a instauré un rituel du soir qu'ils appellent "le temps des étoiles". Chaque soir, avant le coucher, ils s'assoient ensemble dans le jardin ou près d'une fenêtre pour observer le ciel. C'est un moment de calme et de connexion où chacun peut partager ses pensées, ses questions ou simplement profiter du silence ensemble. Ce rituel simple combine sécurité émotionnelle (le réconfort de la routine et de la présence familiale) et stimulation intellectuelle (l'observation du ciel suscite souvent des questions sur l'astronomie, la physique, voire la philosophie).

Il est également important de reconnaître que créer ce cocon bienveillant n'est pas toujours facile. Les parents, eux aussi, ont leurs moments de fatigue, de stress ou d'impatience. L'essentiel est de faire de son mieux et de ne pas se culpabiliser pour les moments où l'on n'est pas parfait.

Amélie, mère de deux enfants, raconte : "Il y a des jours où je me sens dépassée et où je réagis de manière trop brusque aux comportements de mes enfants. Dans ces moments-là, je prends une pause, je respire profondément, et je leur explique que maman aussi a ses moments difficiles. C'est une façon de leur montrer qu'il est normal d'avoir des émotions négatives et qu'on peut les gérer de manière constructive."

Cette honnêteté et cette vulnérabilité contrôlée font partie intégrante du cocon bienveillant. Elles montrent à nos enfants que nous sommes humains, avec nos forces et nos faiblesses, et que nous continuons à apprendre et à grandir, tout comme eux.

La création d'un cocon bienveillant passe aussi par la gestion de l'environnement physique. Un espace de vie ordonné et agréable contribue au bien-être émotionnel et favorise la concentration. Cela ne signifie pas que la maison doit être parfaitement rangée en permanence, mais plutôt qu'il faut créer des zones dédiées à différentes activités.

La famille Martin a mis en place un système ingénieux. Ils ont divisé leur salon en "coins" : un coin lecture avec des coussins confortables et une petite bibliothèque, un coin créatif avec du matériel d'art et de bricolage, et un coin jeux avec des jouets et des jeux de société. Les enfants savent où trouver ce dont ils ont besoin et sont encouragés à ranger après chaque activité. Cette organisation spatiale leur offre à la fois structure et liberté.

N'oublions pas non plus l'importance du contact avec la nature dans la création de ce cocon bienveillant. De nombreuses études ont montré les bienfaits du temps passé en extérieur sur le développement cognitif et émotionnel des enfants.

Les grands-parents de Léa, 6 ans, ont un petit jardin. Chaque week-end, Léa y passe du temps avec eux, plantant des graines, observant les insectes, écoutant les oiseaux. Ces moments de connexion avec la nature nourrissent sa curiosité et lui apportent un sentiment de calme et de bien-être.

Enfin, n'oublions pas que le cocon bienveillant doit aussi inclure des moments de calme et de réflexion. Dans notre société hyperconnectée, il est crucial d'apprendre à nos enfants à apprécier le silence et l'introspection.

La famille Leroy pratique ce qu'ils appellent "l'heure tranquille". Chaque jour, pendant une heure, chaque membre de la famille s'adonne à une activité calme de son choix : lecture, dessin, méditation, ou simplement rêvasser. C'est un moment où les écrans sont éteints et où chacun peut se reconnecter avec lui-même.

En fin de compte, créer un cocon bienveillant pour l'esprit en effervescence de nos enfants est un processus continu, qui demande de l'attention, de la flexibilité et beaucoup d'amour. C'est un investissement qui porte ses fruits à long terme, formant des individus équilibrés, curieux et résilients.

Alors que vous réfléchissez à la manière de mettre en pratique ces idées dans votre propre foyer, rappelez-vous qu'il n'y a pas de formule magique. L'essentiel est d'être présent, à l'écoute, et ouvert à l'apprentissage mutuel. Car en créant ce cocon bienveillant pour nos enfants, nous nous offrons aussi l'opportunité de grandir et d'évoluer.

## 4.2 : La boîte à outils anti-stress et pro-sérénité

Dans notre monde trépidant, nos enfants font face à une multitude de défis qui peuvent générer du stress et de l'anxiété. Pour les aider à naviguer dans ces eaux tumultueuses, il est crucial de leur fournir une boîte à outils efficace. Cette boîte à outils repose sur deux piliers essentiels : la gestion des émotions et le développement de la résilience.

La gestion des émotions est comme l'art de jongler. Il faut apprendre à reconnaître, accepter et exprimer ses sentiments de manière saine. Le développement de la résilience, quant à lui, s'apparente à la construction d'un muscle. Plus on l'exerce, plus il devient fort, permettant à nos enfants de rebondir face aux difficultés.

Commençons par explorer quelques outils pratiques pour la gestion des émotions.

# 1. Le journal des émotions

Léa, 9 ans, avait du mal à exprimer ce qu'elle ressentait. Ses parents lui ont offert un joli carnet et l'ont encouragée à y dessiner ou écrire ses émotions chaque soir. Au début, Léa ne savait pas trop quoi dire. Mais petit à petit, elle a commencé à identifier ses sentiments et à les coucher sur papier. Ce rituel est devenu un moment précieux de connexion avec elle-même.

# 2. La technique du feu tricolore

Cette méthode simple aide les enfants à gérer leurs impulsions. Rouge signifie "Stop, calme-toi", Jaune "Réfléchis aux options", et Vert "Choisis et agis". Tom, 7 ans, utilisait cette technique lorsqu'il se sentait frustré par ses devoirs. Au lieu de jeter son cahier, il s'arrêtait, respirait profondément, réfléchissait à différentes façons d'aborder le problème, puis choisissait la meilleure option.

# 3. La méditation guidée

De nombreuses études ont montré les bienfaits de la méditation sur la réduction du stress chez les enfants. La famille Dupont a instauré une routine de méditation guidée de 5 minutes chaque matin. Au début, les enfants trouvaient ça bizarre, mais après quelques semaines, ils ont remarqué qu'ils se sentaient plus calmes et concentrés à l'école.

Passons maintenant aux outils favorisant la résilience.

# 1. Le "muscle de l'erreur"

L'idée est de présenter les erreurs comme des opportunités d'apprentissage plutôt que des échecs. Les parents de Max, 6 ans, parlent souvent du "muscle de l'erreur". Quand Max fait une erreur, ils lui disent : "Super, tu viens de faire grandir ton muscle de l'erreur ! Qu'as-tu appris ?" Cette approche aide Max à voir les défis comme des occasions de grandir.

# 2. Le jeu du "Et si..."

Ce jeu consiste à imaginer différents scénarios et solutions face à des situations stressantes. La famille Martin joue souvent à ce jeu pendant le dîner. " Et si tu te retrouvais perdu dans un magasin ?", « Et si tu ratais un contrôle important ?" En explorant ces situations dans un environnement sécurisé, les enfants acquièrent de la confiance pour faire face à des situations difficiles.

### 3. La boîte à souvenirs positifs

Encouragez votre enfant à collecter des objets, des photos ou des notes qui lui rappellent des moments heureux ou des réussites. Quand Emma, 10 ans, se sent découragée, elle ouvre sa boîte à souvenirs et se rappelle tous les défis qu'elle a déjà surmontés.

Maintenant, comment intégrer ces outils dans la vie quotidienne ?

La clé est la constance et la patience. Rome ne s'est pas construite en un jour, et la boîte à outils de votre enfant non plus. Commencez par introduire un outil à la fois, peut-être en faisant un jeu familial.

Par exemple, la famille Leblanc a créé un "Défi Zen" hebdomadaire. Chaque semaine, ils choisissent un nouvel outil à essayer ensemble. Ils en discutent, partagent leurs expériences et s'encouragent mutuellement. Cette approche ludique rend l'apprentissage de la gestion du stress amusant et engageant pour toute la famille.

Il est également important d'adapter ces outils à l'âge et à la personnalité de chaque enfant. Ce qui fonctionne pour un enfant de 5 ans pourrait ne pas convenir à un adolescent.

Prenons l'exemple de la fratrie Rousseau. Zoé, 6 ans, adore le journal des émotions coloré et plein de dessins. Son frère Lucas, 13 ans, préfère une application de méditation sur son téléphone. Leurs parents ont su adapter les outils à leurs besoins spécifiques.

N'oublions pas non plus le pouvoir de l'exemple. En observant leurs parents, les enfants acquièrent une grande expérience. Si vous utilisez vous-même ces outils, vos enfants seront plus enclins à les adopter.

Mme Chen, mère de deux enfants, raconte : "J'ai réalisé que je ne pouvais pas demander à mes enfants de gérer leur stress si je ne le faisais pas moi-même. J'ai commencé à pratiquer la méditation et à utiliser la technique du feu tricolore. Mes enfants m'ont vue lutter et progresser. Cela a ouvert de nombreuses conversations sur la gestion des émotions et a rendu le processus plus authentique pour eux."

Il est également crucial de créer des espaces sûrs où les enfants peuvent exprimer leurs émotions sans jugement. La famille Petit a instauré un "coin des émotions" dans leur salon. C'est un espace confortable avec des coussins, des livres sur les émotions et des outils de relaxation. Les enfants savent qu'ils peuvent s'y rendre quand ils ont besoin de se calmer ou de parler de leurs sentiments.

Parfois, malgré tous nos efforts, nos enfants peuvent avoir besoin d'une aide supplémentaire. Il est important de prendre conscience de la nécessité de faire appel à un expert. Les parents de Jules, 11 ans, ont remarqué qu'il semblait de plus en plus anxieux malgré l'utilisation de plusieurs outils de gestion du stress. Ils ont décidé de consulter un psychologue pour enfants, qui a pu fournir à Jules des stratégies supplémentaires adaptées à ses besoins spécifiques.

En fin de compte, l'objectif de cette boîte à outils n'est pas de supprimer complètement le stress de la vie de nos enfants - ce qui serait impossible et même contre-productif. Il s'agit plutôt de leur donner les moyens de faire face aux défis de manière saine et constructive.

Comme le dit si bien le Dr. Daniel Siegel, psychiatre spécialisé dans le développement de l'enfant : "Le but n'est pas d'éliminer le stress, mais d'apprendre à le 'surfer' avec grâce et résilience."

En dotant nos enfants de ces outils précieux, nous les préparons non seulement à faire face aux défis actuels, mais nous les équipons aussi pour leur vie future. Nous leur offrons la possibilité de devenir des adultes équilibrés, capables de naviguer dans les eaux parfois agitées de la vie avec sérénité et confiance.

Alors que vous réfléchissez à la façon d'intégrer ces outils dans votre famille, rappelez-vous que chaque petit pas compte. Chaque fois que vous aidez votre enfant à identifier une émotion, à prendre une grande respiration avant de réagir, ou à voir un défi comme une opportunité de croissance, vous contribuez à construire sa résilience et son bien-être émotionnel.

La route vers la sérénité peut sembler longue, mais chaque outil que vous ajoutez à la boîte de votre enfant est comme un pas de plus sur ce chemin. Et qui sait ? Vous pourriez bien découvrir que ces outils sont tout aussi bénéfiques pour vous que pour vos enfants.

## 4.3 : Nourrir la flamme de la créativité au quotidien

La créativité, ce feu sacré qui brûle en chacun de nous, mérite d'être alimentée dès le plus jeune âge. Telle une plante délicate, elle a besoin d'attention, de soins et d'un environnement propice pour s'épanouir. Mais comment cultiver cette précieuse ressource chez nos enfants ? Deux ingrédients essentiels entrent en jeu : l'inspiration et l'exploration.

L'inspiration, c'est cette étincelle qui allume l'imagination. Elle peut venir de partout : d'un livre, d'une chanson, d'une promenade dans la nature. L'exploration, quant à elle, c'est le terrain de jeu où cette inspiration prend vie. C'est l'espace où les idées se transforment en créations concrètes.

Commençons par examiner comment insuffler l'inspiration au quotidien.

### 1. La valise à idées

Chloé, 8 ans, avait toujours du mal à trouver des idées pour ses histoires. Sa maman a eu l'idée de créer une "valise à idées". Chaque jour, elles y glissaient un objet intéressant : une plume colorée, un coquillage, une vieille clé... Quand Chloé manquait d'inspiration, elle piochait dans la valise et laissait son imagination s'envoler.

### 2. Le mur des merveilles

La famille Dubois a transformé un pan de mur en tableau d'inspiration géant. Chaque membre de la famille y épingle des images, des citations, des dessins qui les inspirent. C'est devenu un point focal de créativité dans la maison, toujours en évolution.

## 3. Les balades inspirantes

Chaque week-end, les Martin partent à "la chasse aux idées". Parfois, c'est une visite au musée. D'autres fois, c'est une balade en forêt ou une exploration urbaine. L'objectif ? Ouvrir les yeux et les sens pour capturer de nouvelles inspirations.

Passons maintenant aux outils d'exploration créative.

## 1. L'atelier des possibles

Dans un coin de leur salon, les Leroy ont installé un "atelier des possibles". On y trouve du matériel de dessin, de la pâte à modeler, des tissus, des matériaux de récupération... Leurs enfants savent qu'ils peuvent y aller quand l'envie de créer les prend.

## 2. Le défi créatif du jour

Chez les Garcia, chaque jour apporte son défi créatif. "Invente une nouvelle saveur de glace", "Dessine un animal qui n'existe pas", "Compose une chanson sur ton petit-déjeuner"... Ces petits défis stimulent l'imagination et deviennent souvent des moments de partage en famille.

## 3. La boîte à histoires

Pierre, 6 ans, adorait inventer des histoires mais avait du mal à les structurer. Ses parents ont créé une "boîte à histoires" avec des cartes représentant des personnages, des lieux, des objets. Pierre pioche quelques cartes et construit son histoire autour. Cette méthode l'aide à organiser ses idées tout en laissant libre cours à son imagination.

Comment intégrer ces pratiques dans la vie de tous les jours ?

La clé réside dans la régularité et la spontanéité. Il ne s'agit pas de transformer chaque moment en "séance de créativité", mais plutôt d'ouvrir des espaces où elle peut s'exprimer naturellement.

La famille Boucher a instauré un "quart d'heure créatif" chaque soir après le dîner. Parfois, ils dessinent ensemble. D'autres fois, ils inventent une histoire à plusieurs voix ou construisent des sculptures avec des objets du quotidien. Ce rituel est devenu un moment privilégié de connexion et d'expression.

Il est également crucial d'adopter une attitude qui valorise la créativité. Cela signifie accueillir les idées farfelues avec enthousiasme, encourager la prise de risques créatifs et célébrer le processus autant que le résultat.

Prenons l'exemple de Léo, 5 ans. Il a peint son arbre en violet avec des feuilles orange. Au lieu de lui dire que les arbres sont généralement marron et verts, sa maîtresse l'a félicité pour son imagination et lui a demandé de raconter l'histoire de cet arbre extraordinaire. Cette approche a renforcé la confiance de Léo en sa créativité.

La technologie peut aussi être un allié précieux dans cette quête de créativité. Les Moreau ont instauré des "soirées appli créative" où ils explorent ensemble des applications de dessin, de musique ou de narration. Cela montre aux enfants que les écrans peuvent être des outils de création, pas seulement de consommation.

N'oublions pas l'importance du jeu libre. Dans notre société hyperstructurée, il est tentant de vouloir organiser chaque moment. Pourtant, c'est souvent dans les moments de "rien" que la créativité s'épanouit le mieux.

Les Dupont ont aménagé un "coin sauvage" dans leur jardin. C'est un espace où les enfants peuvent creuser, construire, inventer sans contraintes. Ils ont été surpris de voir à quel point leurs enfants devenaient inventifs dans cet espace de liberté.

Il est également essentiel de montrer que la créativité n'est pas réservée aux activités artistiques traditionnelles. Elle peut s'exprimer dans la cuisine, le jardinage, la résolution de problèmes quotidiens...

La grand-mère de Zoé, 9 ans, lui a appris à tricoter. Au début, Zoé suivait des modèles. Puis elle a commencé à inventer ses propres motifs, mélangeant couleurs et textures. Cette activité manuelle est devenue pour elle un exutoire créatif inattendu.

Parfois, la créativité peut être stimulée par des contraintes. Les Lambert ont instauré des "dîners créatifs" où ils doivent préparer un repas avec seulement trois ingrédients choisis au hasard. Ces défis ont non seulement développé leur créativité culinaire, mais ont aussi généré beaucoup de rires et de moments de complicité.

Il est important de reconnaître que la créativité peut parfois être frustrante. Quand une idée ne se concrétise pas comme on l'imaginait, la déception peut être grande. C'est là qu'intervient la résilience créative.

Quand le projet de bande dessinée d'Antoine, 11 ans, n'a pas fonctionné comme il l'espérait, ses parents l'ont encouragé à voir cela comme une étape dans son processus créatif. Ils ont discuté de ce qu'il avait appris et comment il pourrait utiliser ces leçons dans son prochain projet.

La créativité s'épanouit également dans le partage. Organiser des "expositions maison" où chacun présente ses créations, échanger des idées avec des amis, participer à des ateliers collectifs... Toutes ces expériences nourrissent l'inspiration et encouragent l'expression créative.

Les Roux ont transformé leur garage en "galerie familiale" où chacun peut exposer ses œuvres. Ils invitent régulièrement amis et voisins à venir découvrir leurs créations. Cette initiative a non seulement boosté la confiance créative de toute la famille, mais a aussi créé des liens dans le quartier.

En fin de compte, nourrir la flamme de la créativité chez nos enfants, c'est leur offrir bien plus qu'une compétence. C'est leur donner des ailes pour explorer le monde, des outils pour exprimer leur individualité, et la confiance pour imaginer et façonner leur avenir.

Comme l'a si bien dit le célèbre peintre Pablo Picasso : "Tous les enfants naissent artistes. Le problème est de rester artiste en grandissant." En cultivant un environnement qui valorise et stimule la créativité au quotidien, nous donnons à nos enfants la chance de préserver et de développer ce don précieux tout au long de leur vie.

Alors que vous réfléchissez à la manière d'intégrer ces pratiques dans votre foyer, rappelez-vous que la créativité est comme une graine. Avec de l'attention, de la patience et un environnement favorable, elle peut s'épanouir en un magnifique jardin d'idées et d'expressions uniques.

Chaque dessin griffonné, chaque histoire inventée, chaque mélodie fredonnée est un pas sur le chemin de l'expression créative. En nourrissant cette flamme chez nos enfants, nous leur offrons non seulement un moyen de s'exprimer, mais aussi une façon unique d'interagir avec le monde et de laisser leur marque.

## 4.4 : Activité : Concevoir ensemble un "refuge pour les pensées de nos enfants"

Plongeons dans une aventure créative qui transformera votre foyer en un véritable havre pour l'esprit de vos enfants. L'objectif ? Créer un espace unique où leurs idées, leurs rêves et leurs réflexions pourront s'épanouir librement. Cette activité familiale combine deux éléments essentiels : la conception collaborative et l'expression personnelle.

Commençons par explorer le concept du "refuge pour les pensées". Il s'agit d'un endroit physique dans votre maison, dédié à la réflexion, à la créativité et à l'introspection de vos enfants. Ce n'est pas simplement un coin de jeu, mais un véritable sanctuaire pour leur monde intérieur.

### Étape 1 : Choisir l'emplacement

La première étape consiste à trouver l'endroit idéal. Rassemblez toute la famille et faites le tour de la maison. Cherchez un espace qui pourrait être transformé en refuge. Cela peut être un coin de chambre, une alcôve sous un escalier, ou même une vieille armoire reconvertie.

La famille Dubois a choisi de transformer un placard inutilisé sous leur escalier. Leur fille, Emma, 7 ans, était ravie à l'idée d'avoir son propre "repaire secret".

### Étape 2 : Brainstorming familial

Une fois l'emplacement choisi, organisez une séance de brainstorming en famille. Interrogez vos enfants de manière ouverte :

- Quelles couleurs te font sentir calme et heureux ?

- Si tu pouvais avoir n'importe quoi dans ton refuge, que choisirais-tu ?

- Comment aimerais-tu t'asseoir ou te coucher dans cet espace ?

Chez les Martin, le petit Théo, 5 ans, a insisté pour que son refuge ressemble à l'intérieur d'une fusée spatiale. Ses parents ont été surpris par son imagination débordante et ont décidé d'intégrer cette idée dans le projet.

## Étape 3 : Conception et planification

Maintenant que vous avez des idées, il est temps de les organiser. Créez un plan simple avec vos enfants. Vous pouvez dessiner un croquis de l'espace ou utiliser des découpages de magazines pour faire un collage de leurs idées.

La famille Garcia a transformé cette étape en jeu. Ils ont découpé des formes en papier représentant différents meubles et décorations, permettant à leur fils Lucas, 9 ans, de les déplacer sur un plan de l'espace pour trouver la meilleure disposition.

## Étape 4 : Collecte des matériaux

Faites l'inventaire de ce dont vous avez besoin et voyez ce que vous pouvez récupérer ou créer vous-mêmes. C'est une excellente occasion d'enseigner la valeur du recyclage et de la créativité.

Les Leroy ont organisé une "chasse au trésor" dans leur maison et leur garage. Leur fille Zoé, 6 ans, était enchantée de découvrir de vieux coussins, des guirlandes lumineuses oubliées et même un petit tapis rond parfait pour son refuge.

## Étape 5 : La construction

C'est le moment de retrousser vos manches et de vous mettre au travail ! Impliquez vos enfants dans chaque étape du processus, en leur confiant des tâches adaptées à leur âge.

Chez les Moreau, même le plus jeune, Léo, 3 ans, a participé en peignant des galets qui ont ensuite été utilisés pour décorer l'entrée du refuge. Sa grande sœur, Julie, 10 ans, a aidé à accrocher des étagères avec l'aide de son père.

### Étape 6 : Personnalisation

Une fois la structure de base en place, place à la personnalisation ! Encouragez vos enfants à ajouter des touches personnelles qui rendront l'espace vraiment unique.

Emma Dubois a décidé d'accrocher une série de petits cadres vides sur un mur de son refuge. Chaque semaine, elle y place un nouveau dessin ou une photo, créant ainsi une galerie en constante évolution.

### Étape 7 : Établir des rituels

Pour que le refuge devienne réellement un espace pour les pensées, aidez vos enfants à établir des rituels d'utilisation.

Les Martin ont instauré un "moment refuge" quotidien de 15 minutes où Théo peut aller dans son espace fusée pour réfléchir, dessiner ou simplement rêver. Ils ont même créé un petit sablier décoré pour marquer ce temps spécial.

### Étape 8 : Évolution et adaptation

Rappelez-vous que ce refuge doit évoluer avec votre enfant. Prévoyez des moments pour le "rénover" ou le réinventer ensemble.

Lucas Garcia a demandé à transformer une partie de son refuge en "laboratoire d'idées" pour ses projets scientifiques quand il a eu 10 ans. Ses parents ont saisi cette opportunité pour l'aider à réorganiser l'espace.

Conseils pour maximiser l'impact du refuge :

**1. Respect de l'intimité** : Établissez des règles claires sur le respect de l'espace personnel de chacun. Le refuge doit être un endroit où l'enfant se sent en sécurité pour exprimer ses pensées librement.

**2. Stimulation sensorielle** : Intégrez des éléments qui stimulent différents sens. Des textures variées, des lumières douces, peut-être même une petite fontaine pour un bruit de fond apaisant.

**3. Flexibilité** : Assurez-vous que l'espace peut être facilement réorganisé. Des meubles légers ou des coussins de sol permettent de changer rapidement la configuration.

**4. Outils de réflexion** : Incluez des éléments qui encouragent la réflexion et l'expression. Un petit journal, des crayons de couleur, ou même un dictaphone pour enregistrer des idées.

**5. Connexion avec la nature** : Si possible, intégrez des éléments naturels. Une petite plante, des photos de paysages, ou même un petit aquarium peuvent aider à créer une atmosphère sereine.

**6. Technologie limitée** : Bien que la technologie puisse être un outil créatif, essayez de garder le refuge comme un espace principalement déconnecté pour inciter la réflexion sans distractions.

**7. Espace de partage** : Prévoyez un moyen pour l'enfant de partager ses pensées s'il le souhaite. Cela pourrait être un tableau d'affichage ou une boîte à idées.

Zoé Leroy a créé une "boîte à discussions" dans son refuge. Quand elle veut parler de quelque chose avec ses parents, elle y place un mot. C'est devenu un excellent moyen de communication familiale.

**8. Célébration de la créativité** : Trouvez des moyens de célébrer les idées et les créations qui émergent du refuge. Cela pourrait être une exposition mensuelle des œuvres créées dans le refuge ou un "dîner des inventions" où chacun partage ses idées.

La création d'un refuge pour les pensées de vos enfants est bien plus qu'un simple projet de bricolage. C'est une déclaration puissante sur l'importance que vous accordez à leur monde intérieur. C'est un cadeau qui leur dit : "Tes pensées sont précieuses. Tes idées méritent un espace spécial."

En concevant cet espace ensemble, vous créez non seulement un lieu physique, mais aussi des souvenirs durables et des habitudes de réflexion qui accompagneront vos enfants tout au long de leur vie. Vous leur offrez un outil puissant pour naviguer dans leurs émotions, cultiver leur créativité et développer leur identité.

Alors que vous vous lancez dans cette aventure, gardez à l'esprit que le processus est tout aussi important que le résultat final. Chaque décision prise ensemble, chaque obstacle surmonté en équipe, chaque éclat de rire partagé pendant la construction contribue à renforcer les liens familiaux et à créer un environnement avec lequel la pensée créative et l'expression personnelle sont valorisées.

Le refuge pour les pensées que vous allez créer deviendra un témoin silencieux de la croissance de vos enfants, un espace qui évoluera avec eux, reflétant leurs changements d'intérêts, leurs nouvelles passions et leur personnalité en développement. C'est un investissement dans leur bien-être émotionnel et leur développement cognitif, un cadeau qui continuera à porter ses fruits bien au-delà de l'enfance.

Alors, rassemblez vos outils, votre créativité et votre enthousiasme. Il est temps de construire non seulement un espace physique, mais aussi un sanctuaire pour l'imagination, la réflexion et la croissance personnelle de vos enfants. Que l'aventure commence !

# Chapitre 5 : À l'école des grands enfants penseurs

Les petites mains s'agitent avec enthousiasme, les yeux brillent de curiosité, et l'air est chargé d'une énergie palpable. Nous voici au cœur d'une salle de classe pas comme les autres, où les enfants ne sont pas simplement des réceptacles de connaissances, mais des architectes actifs de leur propre apprentissage. Bienvenue dans l'univers fascinant de l'école des grands enfants penseurs.

Ce chapitre nous plonge dans un monde où la réflexion critique et la créativité sont aussi importantes que l'alphabet et les tables de multiplication. Ici, les questions valent autant, sinon plus, que les réponses. C'est un lieu où l'on cultive non seulement les esprits, mais aussi les âmes curieuses et les cœurs ouverts.

L'école des grands enfants penseurs repose sur deux piliers fondamentaux : l'encouragement de la pensée indépendante et la valorisation de la diversité des idées. Ces principes sont les catalyseurs d'une révolution éducative silencieuse, qui transforme nos salles de classe en véritables incubateurs d'innovation et de sagesse.

Commençons par explorer le premier pilier : la pensée indépendante. Dans cette école, les enfants ne sont pas de simples consommateurs d'informations. On leur apprend à questionner, à analyser, à remettre en question les idées reçues. Les enseignants jouent le rôle de guides, posant des questions ouvertes qui stimulent la réflexion plutôt que de fournir des réponses toutes faites.

Prenons l'exemple de la classe de Mme Martin. Lors d'une leçon sur l'histoire, au lieu de simplement réciter des dates et des événements, elle demande à ses élèves : "Si vous étiez à la place de ce personnage historique, qu'auriez-vous fait différemment ?" Cette approche encourage les enfants à se mettre dans la peau des autres, à considérer différents points de vue et à développer leur empathie historique.

Le second pilier, la valorisation de la diversité des idées, est tout aussi crucial. Dans l'école des grands enfants penseurs, chaque voix compte. Les débats sont estimés, non pas dans un esprit de compétition, mais comme un moyen d'explorer collectivement des idées complexes.

Dans la classe de M. Dupont, les élèves participent régulièrement à des "cercles de philosophie". Assis en rond, ils discutent de questions profondes adaptées à leur âge. "Qu'est-ce que le bonheur ?", "Est-ce que les animaux pensent comme nous ?". Il n'y a pas de bonnes ou de mauvaises réponses, seulement des idées à explorer ensemble.

Cette approche ne se limite pas aux matières traditionnellement associées à la réflexion, comme la philosophie ou la littérature. Même les mathématiques deviennent un terrain de jeu pour la pensée créative. Les élèves sont encouragés à trouver différentes façons de résoudre un problème, à expliquer leur raisonnement et à apprendre des approches de leurs camarades.

L'école des grands enfants penseurs ne se contente pas de préparer les élèves à réussir des examens. Elle les équipe pour naviguer dans un monde en constante évolution, où la capacité à penser de manière critique et créative est plus précieuse que jamais.

Dans les pages qui suivent, nous explorerons en détail les méthodes, les défis et les réussites de cette approche révolutionnaire de l'éducation. Nous verrons comment elle transforme non seulement la conduite dont les enfants apprennent, mais aussi la façon dont ils se perçoivent et perçoivent le monde qui les entoure.

Attachez vos ceintures, car nous nous apprêtons à plonger dans un voyage passionnant au cœur de l'apprentissage du 21e siècle. Un voyage qui nous montrera comment cultiver la prochaine génération de penseurs, de créateurs et d'innovateurs qui façonneront notre avenir.

## 5.1 : Décoder les besoins uniques de l'enfant penseur en classe

Entrons dans l'univers fascinant de l'enfant penseur, un monde où la curiosité règne en maître et où les questions fusent plus vite que les réponses. Ces jeunes esprits, véritables éponges intellectuelles, ont des besoins particuliers qui, une fois compris et satisfaits, peuvent transformer une simple salle de classe en un véritable laboratoire d'idées.

La clé pour déverrouiller le potentiel de ces petits génies en herbe réside dans deux facteurs essentiels : la stimulation intellectuelle adaptée et l'environnement émotionnel sécurisant. Ces éléments forment le socle sur lequel s'épanouira leur pensée créative et critique.

Commençons par la stimulation intellectuelle. L'enfant penseur a soif de connaissances, mais pas de n'importe quelle manière. Il ne se contente pas d'absorber passivement l'information ; il veut la disséquer, la remettre en question, la réassembler à sa façon.

Prenons l'exemple de Léa, 9 ans, élève de CM1. Lors d'une leçon sur le système solaire, elle n'a pas hésité à lever la main pour demander : "Mais si la Terre tourne autour du Soleil, pourquoi ne tombons-nous pas ?" Cette question, loin d'être anodine, révèle un esprit qui cherche à comprendre les mécanismes sous-jacents plutôt que de simplement mémoriser des faits.

Pour répondre à ce besoin, les enseignants doivent adopter une approche pédagogique qui va au-delà du simple transfert de connaissances. Les méthodes d'apprentissage par problème, les projets de recherche guidés, ou encore les débats structurés sont autant d'outils qui permettent à ces jeunes cerveaux de s'exercer à la réflexion approfondie.

Mme Dubois, enseignante en CE2, a mis en place un "coin des questions" dans sa classe. Chaque semaine, les élèves y déposent leurs interrogations les plus folles. Le vendredi après-midi est consacré à l'exploration collective de ces questions. "Pourquoi le ciel est bleu ?", "Comment les fourmis communiquent-elles ?", aucun sujet n'est tabou. Cette approche non seulement satisfaite la curiosité des enfants penseurs, mais incite également les autres élèves à développer leur esprit critique.

Le deuxième facteur crucial est l'environnement émotionnel. Un enfant penseur a besoin de se sentir en sécurité pour oser exprimer ses idées, même les plus audacieuses. La peur du jugement ou du ridicule peut rapidement étouffer sa créativité et son désir d'explorer intellectuellement.

M. Martin, professeur de CM2, a compris cela. Dans sa classe, il a instauré la règle d'or : "Il n'y a pas de mauvaise question, seulement des opportunités d'apprendre". Il encourage activement ses élèves à partager leurs réflexions, même si elles semblent farfelues au premier abord. Cette approche a transformé sa classe en un véritable incubateur d'idées où même les élèves les plus timides osent s'exprimer.

L'histoire de Tom, 10 ans, illustre parfaitement l'importance de cet environnement bienveillant. Passionné par les dinosaures depuis son plus jeune âge, Tom avait développé une théorie personnelle sur leur disparition. Dans sa classe précédente, il n'avait jamais osé en parler, craignant les moqueries. Mais dans la classe de M. Martin, encouragé par l'atmosphère ouverte, il a partagé son idée. Bien que sa théorie ne soit pas scientifiquement exacte, elle a suscité un débat passionnant sur les méthodes scientifiques et l'importance de l'imagination dans la recherche.

Un autre besoin crucial de l'enfant penseur est la flexibilité dans l'apprentissage. Ces jeunes esprits ont souvent des rythmes et des styles d'apprentissage qui leur sont propres. Certains apprennent mieux en bougeant, d'autres en visualisant, d'autres encore en manipulant des objets.

Mme Leroy, enseignante en CP, a mis en place des "stations d'apprentissage" dans sa classe. Lors des séances de mathématiques, par exemple, les élèves peuvent choisir entre différentes activités : résoudre des problèmes sur papier, utiliser des jeux de construction pour visualiser les concepts, ou encore jouer à des jeux de société éducatifs. Cette approche permet à chaque enfant de trouver la méthode qui lui convient le mieux.

Il est par ailleurs crucial de reconnaître que l'enfant penseur peut parfois se sentir différent ou incompris. Sa façon de voir le monde, ses questions incessantes, sa tendance à remettre en question l'autorité peuvent parfois le mettre à l'écart de ses camarades.

L'histoire d'Emma, 8 ans, est révélatrice. Brillante et curieuse, elle posait tellement de questions en classe que ses camarades ont commencé à la surnommer "Mademoiselle Pourquoi". Ce qui était au départ une taquinerie est rapidement devenu une source de mal-être pour Emma, qui a commencé à se renfermer sur elle-même.

Face à cette situation, son enseignante, Mme Dupont, a eu une idée ingénieuse. Elle a instauré le "moment des grands pourquoi" chaque jour après la récréation. Pendant dix minutes, les élèves étaient encouragés à poser leurs questions les plus folles, et toute la classe réfléchissait ensemble aux réponses possibles. Non seulement cela a permis à Emma de se sentir valorisée, mais cela a également stimulé la curiosité de toute la classe.

Un autre aspect crucial est de fournir à ces jeunes esprits des défis à leur mesure. L'ennui est l'ennemi numéro un de l'enfant penseur. Quand le travail en classe ne le stimule pas suffisamment, il peut rapidement se désengager ou devenir perturbateur.

M. Lefèvre, enseignant en CM1, a mis en place un système de "défis bonus" pour ses élèves les plus avancés. Une fois leur travail habituel terminé, ces élèves peuvent choisir parmi une série de problèmes plus complexes, de projets de recherche ou d'expériences scientifiques. Cette approche permet non seulement de garder ces élèves engagés, mais aussi de nourrir leur soif de connaissances.

Il est également important de reconnaître que l'enfant penseur a besoin de temps pour réfléchir et assimiler l'information. Dans notre monde où tout va vite, où l'on attend des réponses instantanées, il faut savoir créer des espaces de calme et de réflexion.

Mme Rousseau, enseignante en CE1, a instauré des "minutes de méditation" dans sa classe. Plusieurs fois par jour, elle invite ses élèves à fermer les yeux et à réfléchir en silence à ce qu'ils viennent d'apprendre. Cette pratique non seulement aide à la concentration, mais permet aussi aux enfants penseurs de digérer l'information et de faire des connexions inattendues.

Enfin, n'oublions pas l'importance de la collaboration. L'enfant penseur, bien que souvent capable de travailler de manière autonome, a besoin d'interagir avec ses pairs pour confronter ses idées, apprendre à argumenter et à écouter d'autres points de vue.

M. Girard, professeur de CM2, organise régulièrement des "cercles de réflexion" dans sa classe. Les élèves, assis en cercle, discutent d'un sujet donné, chacun apportant son point de vue et écoutant respectueusement celui des autres. Cette pratique non seulement développe les compétences en communication, mais permet aussi aux enfants penseurs de réaliser que leurs idées peuvent être enrichies par celles des autres.

Décoder les besoins uniques de l'enfant penseur en classe est un défi passionnant qui demande créativité, flexibilité et empathie de la part des enseignants. En créant un environnement qui stimule intellectuellement tout en offrant un cadre émotionnellement sécurisant, nous permettons à ces jeunes esprits de s'épanouir pleinement. Nous ne formons pas seulement des élèves, mais de futurs innovateurs, penseurs critiques et citoyens engagés qui façonneront le monde de demain.

## 5.2 : Le trio gagnant : parents, enseignants et enfant

Il était une fois, dans le grand théâtre de l'éducation, un spectacle extraordinaire se jouait quotidiennement. Sur scène, trois acteurs principaux : les parents, les enseignants et l'enfant. Chacun avait un rôle crucial, et c'est de leur harmonie que naissait la magie de l'apprentissage.

Cette alliance tripartite repose sur deux piliers fondamentaux : la communication ouverte et la collaboration active. Ces éléments, tels des ingrédients secrets, transforment une simple relation éducative en une véritable synergie d'épanouissement.

Commençons par explorer le premier pilier : la communication ouverte. Imaginez une toile tissée de fils invisibles reliant parents, enseignants et enfant. Chaque fil représente un canal de communication, vibrant d'informations, d'idées et d'émotions.

Prenons l'exemple de la famille Dubois. Leur fille, Sophie, 8 ans, montrait des signes de désintérêt croissant pour l'école. Plutôt que de s'inquiéter en silence, ses parents ont pris l'initiative de contacter son enseignante, Mme Martin. Lors d'une réunion à trois, incluant Sophie, ils ont découvert que la petite fille se sentait sous-stimulée en classe. Cette conversation franche a ouvert la voie à des solutions créatives.

Mme Martin a proposé des projets supplémentaires pour Sophie, tandis que ses parents ont encouragé ses passions à la maison. Le résultat ? Une Sophie rayonnante, dont l'enthousiasme pour l'apprentissage a été ravivé.

Cette anecdote illustre parfaitement comment la communication ouverte peut démêler des situations complexes. Elle permet de créer un espace sûr où chacun peut exprimer ses préoccupations, ses espoirs et ses idées.

Passons maintenant au deuxième pilier : la collaboration active. Il ne s'agit pas simplement de parler, mais d'agir ensemble, de manière coordonnée et cohérente.

L'école primaire des Lilas a mis en place un programme novateur appelé "Les ponts du savoir". Chaque mois, les enseignants envoient aux parents un aperçu des thèmes qui seront abordés en classe. Les parents sont invités à partager leurs connaissances ou expériences liées à ces sujets.

M. Leroy, père de Léo en CM1, est venu parler de son métier d'astronome lors d'une leçon sur le système solaire. Non seulement cela a enrichi le cours, mais cela a aussi montré à Léo et à ses camarades le lien concret entre l'apprentissage scolaire et le monde réel.

Cette collaboration va au-delà des murs de l'école. Les parents de Chloé, en CE2, ont créé un coin lecture inspiré des recommandations de son enseignante. Ce petit espace douillet, rempli de livres adaptés à son niveau, est devenu le refuge préféré de Chloé pour ses aventures littéraires.

Ces exemples montrent comment la collaboration active crée un continuum éducatif entre l'école et la maison. L'enfant évolue ainsi dans un environnement cohérent, où les apprentissages se renforcent mutuellement.

Mais attention, cette alliance n'est pas toujours un long fleuve tranquille. Parfois, des obstacles se dressent sur le chemin. Les emplois du temps chargés, les différences de points de vue ou les attentes divergentes peuvent créer des tensions.

C'est là qu'intervient l'importance de la flexibilité et de l'empathie. Chaque membre du trio doit être prêt à ajuster sa perspective, à écouter activement et à chercher des solutions créatives.

L'histoire de Malik, 10 ans, est révélatrice. Ses parents, inquiets de ses résultats en mathématiques, insistaient pour qu'il passe plus de temps à faire des exercices. Son enseignant, M. Dupont, a proposé une approche différente. Il a suggéré d'intégrer les maths dans les passions de Malik : le football et les jeux vidéo.

Les parents, initialement sceptiques, ont accepté d'essayer. Ils ont commencé à calculer avec Malik les statistiques de ses joueurs préférés et à utiliser des jeux éducatifs sur tablette. En quelques semaines, non seulement les notes de Malik se sont améliorées, mais il a développé un véritable intérêt pour les mathématiques.

Cette anecdote souligne l'importance de la flexibilité dans l'approche éducative. En combinant les connaissances de l'enseignant sur les méthodes d'apprentissage et la compréhension des parents sur les intérêts de leur enfant, une solution sur mesure a été trouvée.

Un autre aspect crucial de cette alliance est la reconnaissance mutuelle des expertises. Les parents sont les experts de leur enfant, connaissant ses habitudes, ses préférences et son histoire. Les enseignants, quant à eux, sont les experts en pédagogie et en dynamique de groupe. L'enfant, souvent oublié dans cette équation, est l'expert de sa propre expérience d'apprentissage.

L'école des Quatre Vents a mis en place des "conseils d'apprentissage" trimestriels. Lors de ces réunions, ces parents, enseignant et enfant discutent ensemble des progrès, des défis et des objectifs. L'enfant est encouragé à s'exprimer sur ce qui fonctionne bien pour lui et ce qui pourrait être amélioré.

Lors d'un de ces conseils, Emma, 9 ans, a exprimé sa difficulté à se concentrer en fin de journée. Son enseignante a suggéré de placer les matières les plus exigeantes le matin, tandis que ses parents ont proposé d'ajuster son heure de coucher. Emma elle-même a demandé des pauses plus fréquentes pour bouger. Cette approche collaborative a permis de trouver une solution qui convenait à tous.

Il est également important de souligner que cette alliance ne se limite pas aux aspects académiques. Le développement social et émotionnel de l'enfant est tout aussi crucial.

Prenons l'exemple de l'école des Peupliers, qui a mis en place un "programme de mentorat émotionnel". Chaque enfant a un "allié adulte" à l'école (enseignant ou membre du personnel) avec qui il peut discuter librement de ses émotions et de ses relations sociales. Les parents sont régulièrement informés et impliqués dans ce processus.

Lorsque Thomas, 7 ans, a commencé à montrer des signes d'anxiété, son "allié" à l'école, Mme Rousseau, a pu en discuter avec lui dans un cadre sécurisant. Elle a ensuite partagé ses observations avec les parents de Thomas, qui ont pu prolonger ce soutien à la maison. Cette approche coordonnée a permis à Thomas de développer des stratégies efficaces pour gérer son anxiété.

Un autre aspect fondamental de cette alliance est la célébration commune des réussites. Trop souvent, l'accent est mis uniquement sur les problèmes à résoudre. Or, reconnaître et fêter les progrès, même petits, est essentiel pour maintenir la motivation et l'estime de soi de l'enfant.

L'école des Roses a instauré un "mur des fiertés" dans chaque classe. Les enfants, les parents et les enseignants peuvent y afficher des notes sur les réalisations dont ils sont fiers. Ces réussites peuvent être académiques, sociales ou personnelles.

Léa, 6 ans, était particulièrement timide en début d'année. Lorsqu'elle a réussi à présenter son livre préféré devant toute la classe, son enseignant a affiché une note de félicitations sur le mur. Ses parents, informés, ont organisé une petite célébration à la maison. Ce renforcement positif coordonné a considérablement boosté la confiance de Léa.

Enfin, n'oublions pas que cette alliance tripartite est un processus d'apprentissage continu pour tous. Parents, enseignants et enfants grandissent ensemble, apprenant les uns des autres.

L'école des Érables organise chaque année une "journée d'échange de rôles". Les parents sont invités à enseigner une leçon, les enseignants deviennent élèves, et les enfants prennent le rôle d'éducateurs. Cette expérience permet à chacun de mieux comprendre la perspective des autres, renforçant ainsi l'empathie et la collaboration.

Le trio gagnant - parents, enseignants et enfant - n'est pas une formule magique qui résout tous les problèmes. C'est plutôt une danse complexe, nécessitant équilibre, ajustements constants et beaucoup de patience. Mais lorsque cette alliance fonctionne harmonieusement, elle crée un environnement avec lequel l'enfant peut véritablement s'épanouir, développant non seulement ses compétences académiques, mais aussi ses capacités sociales, émotionnelles et créatives.

Cette synergie éducative pose les fondations d'un apprentissage durable, bien au-delà des murs de l'école. Elle prépare l'enfant non seulement à réussir ses examens, mais aussi à affronter les défis de la vie avec confiance et résilience.

### 5.3 : Réinventer l'apprentissage de nos enfants à la maison

Plongeons dans l'univers fascinant de l'éducation domestique, où chaque recoin de la maison devient une salle de classe potentielle et chaque moment du quotidien, une opportunité d'apprentissage. Cette approche novatrice repose sur deux piliers essentiels : la créativité pédagogique et l'adaptabilité aux besoins individuels de l'enfant.

La maison, ce lieu familier et réconfortant, recèle un potentiel éducatif insoupçonné. Loin des contraintes d'une salle de classe traditionnelle, elle offre un terrain de jeu illimité pour l'imagination et la découverte. Mais comment transformer cet espace en un véritable laboratoire d'apprentissage ?

Commençons par explorer le premier pilier : la créativité pédagogique. Il s'agit de repenser chaque activité quotidienne comme une occasion d'apprendre, en y insufflant une dose d'ingéniosité et de ludisme.

Prenons l'exemple de la famille Durand. Leur fils, Lucas, 7 ans, montrait peu d'intérêt pour les mathématiques enseignées de manière conventionnelle. Sa mère, Marie, a eu l'idée brillante de transformer la préparation du dîner en une leçon de fractions et de mesures. Ensemble, ils ont adapté les recettes pour différents nombres de convives, calculant les quantités nécessaires. Sans s'en rendre compte, Lucas manipulait des concepts mathématiques complexes tout en s'amusant.

Cette anecdote illustre parfaitement comment la créativité peut transformer une tâche banale en une expérience éducative enrichissante. Elle montre également l'importance de contextualiser l'apprentissage dans des situations concrètes et significatives pour l'enfant.

Un autre aspect de la créativité pédagogique consiste à exploiter l'environnement domestique de manière innovante. La famille Martin a transformé leur salon en un "musée évolutif". Chaque semaine, un nouveau thème est choisi - l'Égypte antique, les dinosaures, l'espace - et toute la famille participe à la création d'expositions avec des objets du quotidien, des dessins et des informations recherchées ensemble. Cette approche stimule non seulement la curiosité et la créativité de leur fille Emma, 9 ans, mais encourage également l'apprentissage en famille.

Passons maintenant au deuxième pilier : l'adaptabilité aux besoins individuels de l'enfant. Contrairement à un environnement scolaire traditionnel, la maison offre une flexibilité inégalée pour ajuster l'apprentissage au rythme, aux intérêts et au style d'apprentissage unique de chaque enfant.

L'histoire de Théo, 10 ans, est particulièrement révélatrice. Diagnostiqué avec un trouble de l'attention, Théo peinait à rester concentré dans un cadre scolaire classique. Ses parents ont décidé d'expérimenter l'apprentissage à domicile. Ils ont mis en place un emploi du temps souple, alternant des sessions de courtes études avec des pauses actives. Ils ont également intégré ses passions - la photographie et la nature - dans ses leçons. Par exemple, Théo a appris les fractions en ajustant les paramètres de son appareil photo, et a étudié la biologie en observant et en documentant la faune locale.

Cette approche personnalisée a non seulement amélioré la concentration de Théo, mais a également ravivé son enthousiasme pour l'apprentissage. Elle souligne l'importance de s'adapter aux besoins spécifiques de chaque enfant, en capitalisant sur ses forces plutôt que de se focaliser sur ses faiblesses.

L'adaptabilité se manifeste également dans la flexibilité temporelle qu'offre l'apprentissage à domicile. La famille Dubois a constaté que leur fille, Chloé, 8 ans, était particulièrement vive d'esprit le soir. Au lieu de lutter contre ce rythme naturel, ils ont ajusté son programme d'apprentissage en conséquence, réservant les matières les plus exigeantes pour les heures où elle est le plus réceptive. Cette synchronisation avec le biorythme de l'enfant peut grandement améliorer l'efficacité de l'apprentissage.

Cependant, réinventer l'apprentissage à la maison n'est pas sans défis. L'un des plus importants est de maintenir une structure et une discipline tout en préservant la flexibilité et la créativité. La famille Leroy a trouvé une solution ingénieuse : ils ont créé un "contrat d'apprentissage" avec leur fils Antoine, 11 ans. Ensemble, ils définissent les objectifs hebdomadaires et Antoine choisit comment il souhaite les atteindre. Cette approche responsabilise l'enfant tout en maintenant un cadre clair.

Un autre défi est de garantir une socialisation adéquate. Contrairement à l'idée reçue, l'apprentissage à domicile n'implique pas l'isolement. De nombreuses familles se regroupent pour former des "co-ops" d'apprentissage. La famille Bertrand, par exemple, participe à un groupe qui se réunit deux fois par semaine pour des activités collectives. Leur fille Léa, 6 ans, y a trouvé non seulement des amis, mais aussi l'opportunité de développer ses compétences sociales dans un environnement diversifié.

L'intégration de la technologie est un autre aspect crucial de la réinvention de l'apprentissage à domicile. Les ressources en ligne, les applications éducatives et les cours virtuels offrent une mine d'opportunités. La famille Moreau utilise une plateforme d'apprentissage en ligne qui adapte automatiquement le contenu au niveau et au rythme de progression de leur fils Hugo, 9 ans. Cependant, ils veillent à équilibrer l'utilisation de la technologie avec des activités pratiques et des interactions réelles.

L'apprentissage à domicile offre également une occasion unique d'intégrer des compétences de vie essentielles dans le curriculum. La famille Lambert a transformé la gestion de leur potager en un projet éducatif complet. Leur fille Sophie, 10 ans, apprend la biologie en cultivant des plantes, les mathématiques en calculant les rendements, et l'économie en vendant une partie de la récolte au marché local. Cette approche holistique prépare l'enfant non seulement académiquement, mais aussi pour les défis pratiques de la vie.

La flexibilité de l'apprentissage à domicile permet également d'explorer des méthodes pédagogiques alternatives. La famille Roux s'est inspirée de la méthode Montessori pour créer un environnement d'apprentissage auto-dirigé pour leur fils Maxime, 7 ans. Ils ont aménagé des espaces thématiques dans leur maison, chacun équipé de matériel pédagogique adapté. Maxime est libre d'explorer ces espaces à son rythme, développant ainsi son autonomie et sa curiosité naturelle.

Il est important de souligner que réinventer l'apprentissage à la maison ne signifie pas rejeter complètement les méthodes traditionnelles. Au contraire, il s'agit de trouver un équilibre entre innovation et fondamentaux éducatifs solides. La famille Dupont, par exemple, maintient une routine quotidienne de lecture et d'écriture pour leur fille Clara, 8 ans, tout en intégrant des projets créatifs et des sorties éducatives.

Un aspect souvent négligé de l'apprentissage à domicile est son potentiel pour renforcer les liens familiaux. La famille Garcia a constaté que leur décision d'éduquer leurs enfants à la maison a considérablement amélioré leur dynamique familiale. Les parents et les enfants apprennent ensemble, partagent leurs découvertes et relèvent des défis collectivement. Cette expérience partagée crée des souvenirs durables et renforce la cohésion familiale.

Enfin, il est crucial de reconnaître que réinventer l'apprentissage à la maison est un processus continu d'essais et d'ajustements. Ce qui fonctionne pour un enfant ou une famille peut ne pas convenir à d'autres. La clé est de rester ouvert, flexible et à l'écoute des besoins changeants de l'enfant.

La famille Petit a adopté une approche itérative, évaluant régulièrement ce qui fonctionne et ce qui doit être ajusté dans leur méthode d'apprentissage à domicile. Ils impliquent activement leur fils Jules, 12 ans, dans ces réflexions, développant ainsi sa capacité d'auto-évaluation et de pensée critique.

Réinventer l'apprentissage de nos enfants à la maison n'est pas une tâche facile. Cela demande de la créativité, de la patience et une volonté constante d'apprendre et de s'adapter. Mais les récompenses peuvent être extraordinaires. En créant un environnement d'apprentissage sur mesure, nous donnons à nos enfants les outils pour devenir des apprenants autonomes, curieux et épanouis.

Cette approche ne se contente pas de préparer les enfants à réussir des examens, elle les équipe pour naviguer dans un monde en constante évolution. Elle cultive leur amour pour l'apprentissage, leur résilience face aux défis et leur capacité à penser de manière créative et indépendante.

Alors que nous continuons à explorer et à affiner ces nouvelles façons d'apprendre, nous ouvrons la voie à une génération d'enfants qui ne se contentent pas d'absorber des connaissances, mais qui sont capables de les créer, de les remettre en question et de les appliquer de manière innovante. C'est peut-être là la plus grande promesse de la réinvention de l'apprentissage à la maison : former non pas seulement des étudiants, mais des penseurs, des créateurs et des citoyens du monde engagés.

## 5.4 : Exercice : Élaborer un "plan d'épanouissement scolaire" personnalisé

Chers parents, éducateurs et passionnés du développement de l'enfant, nous allons maintenant nous pencher sur un exercice pratique qui pourrait révolutionner l'expérience éducative de vos enfants. Créer un "plan d'épanouissement scolaire" personnalisé est une démarche à la fois stimulante et gratifiante, reposant sur deux piliers essentiels : l'observation attentive et l'adaptation créative.

L'observation attentive consiste à scruter minutieusement les comportements, les intérêts et les défis de votre enfant dans divers contextes d'apprentissage. L'adaptation créative, quant à elle, implique la conception de stratégies et d'environnements d'apprentissage sur mesure, en fonction de ces observations.

Commençons par une anecdote révélatrice. La petite Zoé, 8 ans, semblait toujours distraite pendant ses cours de mathématiques. Ses parents, inquiets, ont décidé de l'observer attentivement pendant une semaine. Ils ont remarqué que Zoé s'animait dès qu'elle manipulait des objets ou dessinait. Cette observation a été le point de départ de leur plan d'épanouissement scolaire.

**Première étape** : l'évaluation des forces et des défis. Prenez une semaine pour observer votre enfant dans différentes situations d'apprentissage. Notez ses moments d'enthousiasme, ses frustrations, ses périodes de concentration optimale. N'hésitez pas à impliquer les enseignants dans ce processus.

Pour Zoé, ses parents ont identifié une force majeure : son aptitude à apprendre par le mouvement et la manipulation. Son défi principal était de maintenir son attention lors d'explications purement verbales.

**Deuxième étape** : définir les objectifs. Basez-vous sur vos observations pour établir des objectifs réalistes et motivants. Les objectifs doivent être précis, quantifiables, réalisables, pertinents et définis dans le temps (SMART).

Les parents de Zoé ont fixé comme but : "Améliorer la compréhension et l'intérêt de Zoé pour les mathématiques en intégrant des activités kinesthésiques dans 50% de ses séances d'apprentissage sur une période de trois mois."

**Troisième étape** : concevoir des stratégies adaptées. C'est ici que l'adaptation créative entre en jeu. Réfléchissez à des moyens innovants d'aborder les apprentissages en tirant parti des forces de votre enfant.

Pour Zoé, ses parents ont imaginé plusieurs stratégies :

1. Utiliser des jeux de construction pour enseigner l'addition et la soustraction.

2. Créer un "parcours mathématique" dans le jardin, où Zoé doit résoudre des problèmes en se déplaçant.

3. Introduire des jeux de cartes mathématiques pour rendre l'apprentissage plus ludique.

**Quatrième étape** : créer un environnement propice. L'espace d'apprentissage joue un rôle crucial dans l'épanouissement scolaire. Adaptez-le aux besoins spécifiques de votre enfant.

Les parents de Zoé ont aménagé un coin "maths en mouvement" dans sa chambre, avec un tableau blanc à sa hauteur, des étagères remplies de matériel de manipulation, et un espace dégagé pour les activités physiques.

**Cinquième étape** : établir un planning flexible. Structurez le temps d'apprentissage en tenant compte des périodes de concentration optimale de votre enfant et en alternant différents types d'activités.

Pour Zoé, ses parents ont opté pour des sessions de maths courtes (20-30 minutes) en début de matinée, quand elle est le plus énergique, suivies d'activités plus calmes.

**Sixième étape** : impliquer l'enfant dans le processus. Le succès d'un plan d'épanouissement scolaire repose en grande partie sur l'adhésion de l'enfant. Discutez avec lui de ses préférences, de ses objectifs, et encouragez-le à proposer ses propres idées.

Zoé a adoré l'idée du "parcours mathématique" et a même suggéré d'y ajouter des défis chronométrés pour le rendre plus excitant.

**Septième étape** : suivre les progrès et ajuster. Un plan d'épanouissement scolaire n'est pas figé. Il doit évoluer avec l'enfant. Instaurez des points réguliers pour évaluer ce qui fonctionne et ce qui doit être modifié.

Après un mois, les parents de Zoé ont constaté une nette amélioration de son intérêt pour les maths, mais ont remarqué qu'elle se lassait rapidement des jeux de cartes. Ils ont donc décidé de les remplacer par des applications mathématiques interactives sur tablette.

Passons maintenant à un autre exemple pour illustrer la diversité des approches possibles. Prenons le cas de Lucas, 10 ans, passionné de musique mais en difficulté en lecture.

Ses parents ont commencé par observer attentivement son comportement face aux livres. Ils ont remarqué que Lucas était capable de mémoriser facilement les paroles de chansons, mais qu'il se décourageait rapidement devant une page de texte.

**Leur objectif SMART** : "Amener Lucas à lire de manière autonome un livre de 50 pages en trois mois, en utilisant la musique comme support d'apprentissage."

**Leurs stratégies adaptées** :

1. Créer des chansons avec les mots difficiles que Lucas rencontre dans ses lectures.

2. Utiliser des livres audio en parallèle de la lecture pour associer le son à l'écrit.

3. Encourager Lucas à écrire ses propres chansons, stimulant ainsi son expression écrite.

L'environnement d'apprentissage de Lucas a été repensé pour inclure un coin musique/lecture, avec un casque audio, une petite guitare, et une bibliothèque soigneusement sélectionnée de livres sur la musique.

Son planning a été organisé pour inclure des sessions de "lecture musicale" quotidiennes de 15 minutes, suivies de 10 minutes de pratique instrumentale comme récompense.

Lucas a été enthousiasmé par l'idée de créer un "journal musical" où il pourrait noter ses progrès en lecture et ses créations musicales.

Après deux mois, ses parents ont constaté une amélioration significative de sa fluidité en lecture, mais ont remarqué qu'il avait du mal à se concentrer sur des textes non liés à la musique. Ils ont donc introduit progressivement des livres sur d'autres sujets qui l'intéressaient, comme les sports et les animaux, en utilisant toujours des techniques musicales pour faciliter l'apprentissage.

Ces exemples montrent comment un plan d'épanouissement scolaire peut être adapté aux besoins uniques de chaque enfant. Mais qu'en est-il des familles avec plusieurs enfants ?

Prenons l'exemple de la famille Dupont, avec trois enfants aux profils d'apprentissage très différents : Emma (7 ans, très visuelle), Tom (9 ans, kinesthésique) et Léa (11 ans, auditive).

Leur défi était de créer un environnement d'apprentissage qui répondrait aux besoins de chacun tout en favorisant la collaboration. Voici comment ils ont procédé :

1. Ils ont divisé leur salle de jeux en trois zones d'apprentissage : un coin "art et visualisation" pour Emma, un espace ouvert pour les activités physiques de Tom, et un coin calme avec un casque audio pour Léa.

2. Ils ont établi un planning familial d'apprentissage, alternant des activités individuelles adaptées à chaque enfant et des projets collaboratifs qui combinent les trois styles d'apprentissage.

3. Ils ont créé des "défis familiaux" hebdomadaires, comme la création d'une pièce de théâtre sur un sujet historique, permettant à chaque enfant d'utiliser ses forces (Emma pour les décors, Tom pour la mise en scène, Léa pour l'écriture du script).

4. Ils ont encouragé les enfants à s'entraider, en valorisant leurs différences comme des atouts complémentaires.

Ce plan d'épanouissement scolaire familial a non seulement amélioré les performances académiques de chaque enfant, mais a également renforcé les liens familiaux et développé des compétences sociales précieuses.

Il est important de souligner que la création d'un plan d'épanouissement scolaire n'est pas une science exacte. C'est un processus d'essais et d'erreurs, qui demande de la patience, de la flexibilité et une bonne dose de créativité.

N'ayez pas peur d'expérimenter des approches non conventionnelles. Par exemple, la famille Martin a décidé d'intégrer la méditation dans le plan d'épanouissement de leur fils anxieux, avec des résultats surprenants sur sa concentration et sa gestion du stress.

Rappelez-vous aussi que le but ultime n'est pas seulement d'améliorer les résultats scolaires, mais de cultiver l'amour de l'apprentissage et la confiance en soi de votre enfant.

Enfin, n'oubliez pas de célébrer les petites victoires. Chaque progrès, aussi minime soit-il, est un pas vers l'épanouissement de votre enfant. La famille Dubois a instauré un "mur des réussites" où chaque membre de la famille affiche ses accomplissements, grands ou petits, renforçant ainsi la motivation et l'estime de soi.

Élaborer un plan d'épanouissement scolaire personnalisé pour votre enfant est une aventure passionnante. C'est l'occasion de redécouvrir votre enfant, de stimuler sa curiosité naturelle et de l'équiper pour un apprentissage tout au long de la vie. Alors, lancez-vous dans cette belle aventure. Observez, adaptez, expérimentez et, surtout, amusez-vous dans ce processus de découverte mutuelle. Votre enfant vous surprendra par sa capacité à s'épanouir lorsqu'on lui en donne les moyens adaptés.

# Chapitre 6 : Transformer la réflexion intense en talent exceptionnel

La réflexion intense chez les enfants est souvent perçue comme caractéristique, lorsqu'elle est bien canalisée, peut devenir un véritable tremplin vers l'excellence. Ce chapitre explore comment transformer cette particularité en un atout majeur, en s'appuyant sur deux facteurs clés : la compréhension profonde et l'encadrement bienveillant.

La compréhension profonde implique de saisir les nuances de la réflexion intense chez l'enfant. Il ne s'agit pas simplement d'une tendance à trop penser, mais d'une capacité extraordinaire à analyser, à questionner et à explorer le monde qui les entoure. Cette aptitude, lorsqu'elle est reconnue et valorisée, peut devenir le terreau fertile d'un talent exceptionnel.

L'encadrement bienveillant, quant à lui, consiste à guider l'enfant dans l'exploitation positive de cette réflexion intense. Il s'agit de fournir un environnement propice et des outils adaptés pour canaliser cette énergie mentale vers des objectifs constructifs et épanouissants.

Pour illustrer ces concepts, considérons l'exemple de Sophie, une fillette de 9 ans connue pour sa réflexion intense. Ses parents ont remarqué qu'elle passait des heures à réfléchir sur des questions existentielles, parfois au détriment de ses devoirs ou de ses interactions sociales. Plutôt que de considérer cela comme un problème, ils ont décidé d'adopter une approche différente.

Ils ont commencé par observer attentivement les sujets qui captivaient Sophie. Ils ont découvert une passion naissante pour l'écologie et les sciences de l'environnement. Armés de cette compréhension, ils ont mis en place un plan d'action pour transformer cette réflexion intense en un talent exceptionnel.

Premièrement, ils ont créé un "coin de réflexion" dans sa chambre, un espace dédié où Sophie pouvait explorer ses pensées librement. Ils y ont ajouté des livres sur l'environnement, un petit microscope et un journal pour qu'elle puisse noter ses réflexions.

Deuxièmement, ils ont encouragé Sophie à participer à des projets concrets liés à l'environnement. Elle a rejoint un club de jeunes écologistes à l'école et a commencé à travailler sur un projet de jardin communautaire.

Troisièmement, ils ont appris à Sophie des techniques de méditation adaptées aux enfants, l'aidant ainsi à gérer son flux de pensées et à canaliser sa réflexion intense de manière productive.

Les résultats ont été remarquables. En l'espace de quelques mois, Sophie est passée d'une enfant préoccupée et parfois isolée à une jeune écologiste passionnée et engagée. Sa réflexion intense, autrefois source d'inquiétude, est devenue le moteur de sa créativité et de son engagement.

Cette transformation illustre le potentiel caché dans la réflexion intense de nos enfants. Avec une compréhension approfondie et un encadrement approprié, ce qui peut être perçu comme une difficulté peut se métamorphoser en un talent extraordinaire.

Dans les pages qui suivent, nous explorerons des stratégies concrètes pour identifier les domaines d'intérêt de votre enfant, créer un environnement propice à l'épanouissement de sa réflexion intense, et l'aider à développer des compétences qui transformeront cette particularité en un véritable atout pour son avenir.

Nous verrons comment adapter ces stratégies à différents âges et personnalités, et comment impliquer l'école et l'entourage dans ce processus de transformation. Nous aborderons également les défis potentiels et les moyens de les surmonter, toujours dans une optique de développement positif et d'épanouissement de l'enfant.

Ensemble, nous découvrirons comment la réflexion intense, loin d'être un obstacle, peut devenir le tremplin vers un avenir brillant et épanouissant pour nos enfants.

Plongeons dans l'univers fascinant de la découverte des passions enfantines. Tel un détective à la recherche d'indices, nous allons explorer les méthodes pour révéler ces trésors cachés qui sommeillent en chaque enfant. Cette quête passionnante repose sur deux piliers essentiels : l'observation attentive et l'expérimentation guidée.

L'observation attentive, c'est l'art de décoder les signaux subtils que nos enfants nous envoient sans cesse. C'est comme lire entre les lignes d'un livre mystérieux, où chaque geste, chaque réaction, chaque question devient un indice précieux. L'expérimentation guidée, quant à elle, consiste à offrir à nos enfants un éventail d'expériences variées, comme autant de clés pour ouvrir les portes de leurs passions latentes.

Prenons l'exemple de Lucas, 7 ans, un garçon généralement calme et réservé. Ses parents, intrigués par son comportement, ont décidé de mener l'enquête. Ils ont remarqué que Lucas s'animait particulièrement lors des visites au musée d'histoire naturelle. Ses yeux s'illuminaient devant les fossiles, et il posait des questions pertinentes sur l'évolution des espèces.

Forts de cette observation, ils ont mis en place une stratégie d'expérimentation guidée. Ils ont commencé par lui offrir des livres sur la paléontologie, adaptés à son âge. Puis, ils ont organisé une excursion familiale sur un site de fouilles archéologiques ouvert au public. L'enthousiasme de Lucas était palpable. Il a passé des heures à gratter délicatement le sol, à la recherche du moindre fragment d'os fossilisé.

Cette expérience a été révélatrice. La passion de Lucas pour la paléontologie était née, ou plutôt, elle avait été déterrée, comme un précieux fossile. Ses parents ont continué à nourrir cet intérêt en l'inscrivant à un club de jeunes paléontologues et en l'encourageant à partager ses connaissances avec ses camarades de classe.

Mais attention, la détection des passions n'est pas toujours aussi évidente. Parfois, elle nécessite une approche plus subtile et patiente. C'est le cas de Léa, 10 ans, dont les centres d'intérêt semblaient aussi changeants que les couleurs d'un caméléon. Un jour, elle voulait être astronaute, le lendemain, vétérinaire.

Ses parents, au lieu de s'inquiéter de cette apparente inconstance, ont choisi d'y voir une opportunité. Ils ont décidé d'explorer chaque intérêt de Léa, même les plus éphémères, comme autant de pistes potentielles. Ils ont visité des observatoires, des cliniques vétérinaires, des ateliers d'artistes, toujours en gardant un œil attentif sur les réactions de Léa.

Au fil de ces expériences, un fil conducteur a commencé à émerger. Qu'il s'agisse d'étoiles, d'animaux ou d'art, Léa montrait un intérêt particulier pour la classification et l'organisation. Cette observation a conduit ses parents à lui proposer des activités liées à la logique et à la systématisation, comme des jeux de stratégie ou des puzzles complexes.

À leur grande surprise, Léa s'est découvert une véritable passion pour la programmation informatique. Ce qui semblait être une succession d'intérêts disparates s'est révélé être les facettes d'une même gemme : une affinité naturelle pour la logique et la résolution de problèmes.

Ces exemples illustrent l'importance de rester ouvert et flexible dans notre quête des passions de nos enfants. Il ne s'agit pas simplement de cocher des cases sur une liste prédéfinie d'activités, mais plutôt de créer un environnement propice à l'exploration et à la découverte.

Une approche efficace consiste à transformer le quotidien en terrain d'exploration. La cuisine familiale peut devenir un laboratoire de chimie culinaire, le jardin un site d'observation botanique, et même une simple promenade dans le quartier peut se transformer en une chasse au trésor architecturale.

L'essentiel est de maintenir un équilibre entre guidage et liberté. Trop de direction peut étouffer la créativité naturelle de l'enfant, tandis que trop peu de structure peut le laisser désorienter. C'est un exercice d'équilibriste qui demande de l'intuition et de la flexibilité de la part des parents.

N'oublions pas non plus le rôle crucial de l'échec dans ce processus de découverte. Lorsque Thomas Edison a été interrogé sur ses nombreux échecs dans la création de l'ampoule électrique, il a répondu : "Je n'ai pas échoué. J'ai simplement trouvé 10 000 solutions qui ne fonctionnent pas." Cette attitude face à l'échec est précieuse dans la détection des passions.

Encourageons nos enfants à voir chaque expérience, réussie ou non, comme une étape précieuse dans leur voyage de découverte. Un enfant qui abandonne la guitare après quelques leçons n'a pas échoué ; il a simplement découvert que la musique, sous cette forme, n'est peut-être pas sa passion. Certainement préférera-t-il la composition assistée par ordinateur ou la création de podcasts ?

La clé est de valoriser le processus autant que le résultat. Célébrons l'audace d'essayer de nouvelles choses, la persévérance face aux difficultés et la capacité à tirer des leçons de chaque expérience.

Il est également crucial de reconnaître que les passions peuvent évoluer avec le temps. Ce qui captive un enfant à 8 ans peut ne plus l'intéresser à 12 ans. C'est parfaitement normal et même souhaitable. Notre rôle est d'accompagner ces évolutions, de les encourager même, car elles sont le signe d'un esprit en croissance.

Un autre aspect important est la création d'un réseau de soutien autour de l'enfant. Les enseignants, les mentors, les amis de la famille peuvent tous jouer un rôle dans la détection et le développement des passions. Ils apportent différentes perspectives et peuvent remarquer des talents que nous, en tant que parents, pourrions manquer.

Prenons l'exemple de Sophia, 9 ans, dont la passion pour l'écriture a été détectée non pas par ses parents, mais par sa professeure de français. Elle avait remarqué la qualité exceptionnelle des rédactions de Sophia et a estimé ses parents à nourrir ce talent. Grâce à cette intervention, Sophia a pu participer à des ateliers d'écriture créative qui ont confirmé et développé sa passion.

En fin de compte, la détection des passions chez nos enfants est un voyage continu, rempli de surprises et de découvertes. C'est un processus qui demande de la patience, de l'ouverture d'esprit et une bonne dose de curiosité. Mais les récompenses sont inestimables : voir nos enfants s'épanouir dans une passion qui les anime est l'une des joies les plus profondes de la parentalité.

Alors, ouvrons grand nos yeux et nos cœurs. Soyons prêts à être surpris, à apprendre aux côtés de nos enfants, et à célébrer chaque étape de leur voyage de découverte. Car c'est dans ces moments de révélation que nous voyons vraiment briller l'étincelle unique qui fait de chaque enfant un être extraordinaire.

## 6.2 : Affûter les compétences de demain

Dans un monde en perpétuelle mutation, préparer nos enfants pour l'avenir ressemble à un défi de taille. Pourtant, c'est une mission cruciale que nous, parents et éducateurs, devons relever avec enthousiasme et détermination. L'objectif ? Doter nos jeunes des outils nécessaires pour naviguer dans les eaux tumultueuses du futur. Pour y parvenir, concentrons-nous sur deux axes majeurs : la polyvalence adaptative et la maîtrise technologique éthique.

La polyvalence adaptative, c'est la capacité à jongler avec différentes compétences et à s'adapter rapidement aux changements. Pensez à un couteau suisse : multi-fonctionnel, compact et toujours utile. Voilà l'image que nous devrions avoir en tête pour nos enfants.

Prenons l'exemple de Léo, 12 ans. Ses parents ont compris l'importance de cette polyvalence et ont mis en place un "programme d'exploration des compétences". Chaque mois, Léo découvre une nouvelle activité : codage en janvier, jardinage en février, théâtre en mars... Au début, cela semblait chaotique, mais les résultats ont été stupéfiants.

Non seulement Léo a développé un éventail impressionnant de compétences, mais il a surtout appris à apprendre. Face à un nouveau défi, il ne recule pas. Il analyse, expérimente, échoue parfois, mais persévère toujours. Cette capacité à aborder l'inconnu avec confiance est un atout inestimable dans un monde où les métiers de demain n'existent peut-être pas encore aujourd'hui.

La maîtrise technologique éthique, quant à elle, consiste à utiliser la technologie de manière responsable et créative. Il ne s'agit pas seulement de savoir utiliser un smartphone ou un ordinateur, mais de comprendre les implications éthiques et sociales de ces outils.

L'histoire d'Emma, 14 ans, illustre parfaitement ce concept. Passionnée par les réseaux sociaux, elle passait des heures à scroller sans fin sur son téléphone. Ses parents, inquiets, ont eu une idée brillante : transformer cette passion en projet éducatif.

Ils ont encouragé Emma à créer un blog sur la citoyenneté numérique. Elle y partage des astuces pour utiliser les réseaux sociaux de manière positive, sensibilise ses lecteurs au cyberharcèlement et explore les questions de protection de la vie privée en ligne. Non seulement Emma a développé des compétences techniques (création de contenu, design web), mais elle a aussi acquis une compréhension profonde des enjeux éthiques liés à la technologie.

Ces deux exemples montrent comment nous pouvons transformer des activités quotidiennes en opportunités d'apprentissage significatives. Mais comment appliquer ces principes de manière systématique ?

Commençons par créer un environnement propice à l'apprentissage continu. Transformons notre maison en un laboratoire d'exploration. Chaque pièce peut devenir un terrain de jeu éducatif. La cuisine ? Un excellent endroit pour apprendre les bases de la chimie et des mathématiques. Le garage ? Un atelier parfait pour développer des compétences en ingénierie et en résolution de problèmes.

N'oublions pas l'importance du jeu dans ce processus. Les jeux de société, par exemple, sont d'excellents outils pour développer la pensée stratégique, la négociation et la gestion des ressources.

Même les jeux vidéo, souvent décriés, peuvent être utilisés à bon escient pour développer la coordination œil-main, la résolution de problèmes et la collaboration en ligne.

L'apprentissage par projet est une autre approche efficace. Encourageons nos enfants à se lancer dans des projets à long terme qui combinent plusieurs compétences. Par exemple, la création d'un potager familial peut enseigner la biologie, la gestion de projet, la patience et même des notions de commerce si l'on décide de vendre une partie de la récolte.

La communication est une compétence cruciale pour l'avenir. Organisons des débats familiaux sur des sujets d'actualité. Cela aidera nos enfants à développer leur esprit critique, leur éloquence et leur capacité à écouter et à respecter des opinions divergentes.

L'empathie et l'intelligence émotionnelle sont tout aussi importantes que les compétences techniques. Incitons le bénévolat et les activités qui mettent nos enfants en contact avec des personnes de milieux différents. Cela élargira leur perspective et développera leur sens de la responsabilité sociale.

La créativité, souvent négligée dans l'éducation traditionnelle, est pourtant essentielle. Mettons à disposition des matériaux de création (peinture, argile, matériel de bricolage) et laissons libre cours à l'imagination de nos enfants. La créativité n'est pas réservée aux arts : elle est précieuse dans tous les domaines, de la science à l'entrepreneuriat.

N'oublions pas l'importance de l'échec dans le processus d'apprentissage. Créons un environnement avec lequel l'échec n'est pas perçu comme une fin, mais comme une étape vers le succès. Partageons nos propres expériences d'échec et comment nous les avons surmontées.

La gestion du temps et l'organisation sont des compétences fréquemment sous-estimées. Aidons nos enfants à planifier leurs activités, à établir des priorités et à respecter des délais. Ces compétences seront précieuses dans leur vie professionnelle future.

Enfin, cultivons la curiosité. Encourageons les questions, même si nous n'avons pas toujours les réponses. Montrons à nos enfants comment chercher l'information de manière autonome et critique.

Le chemin vers l'acquisition de ces compétences n'est pas toujours linéaire. Il y aura des hauts et des bas, des moments de doute et d'euphorie. Notre rôle est d'être là, d'approuver, de guider sans étouffer, de pousser sans brusquer.

Gardons à l'esprit que chaque enfant est unique. Ce qui fonctionne pour l'un peut ne pas convenir à l'autre. Restons flexibles, à l'écoute, prêts à ajuster notre approche en fonction des besoins et des intérêts de chaque enfant.

En affûtant ainsi les compétences de nos enfants, nous ne les préparons pas seulement pour le monde de demain. Nous leur donnons les outils pour façonner ce monde, pour l'améliorer, pour y laisser leur marque unique. C'est un défi exaltant, une aventure passionnante dans laquelle nous avons le privilège de nous engager aux côtés de nos enfants.

## 6.3 : Préparer le terrain pour un avenir brillant

L'horizon s'étend devant nous, vaste et prometteur. Notre mission ? Cultiver le sol fertile sur lequel nos enfants bâtiront leur avenir. Deux graines essentielles doivent être plantées dès aujourd'hui : la résilience émotionnelle et l'esprit d'innovation. Ces qualités, telles des racines profondes, ancreront nos jeunes dans un monde en constante évolution.

La résilience émotionnelle, c'est cette capacité à rebondir face aux défis, à se relever après une chute. Elle ne s'acquiert pas du jour au lendemain, mais se forge au fil des expériences.

Prenons le cas de Sophie, 10 ans. Timide de nature, elle redoutait les exposés oraux. Ses parents, au lieu de céder à la tentation de la surprotéger, ont opté pour une approche progressive. Ils ont commencé par l'encourager à s'exprimer devant la famille, puis devant un petit groupe d'amis. Petit à petit, Sophie a gagné en confiance. Le jour de son exposé, elle était certes nerveuse, mais prête à affronter le défi. Cette expérience lui a enseigné une leçon précieuse : la peur peut être surmontée, pas à pas.

L'esprit d'innovation, quant à lui, c'est cette étincelle qui pousse à remettre en question le statu quo, à chercher de nouvelles solutions. C'est le moteur du progrès, la clé pour s'adapter à un monde en perpétuel changement.

L'histoire de Karim, 13 ans, illustre parfaitement ce concept. Frustré par le gaspillage alimentaire dans la cantine de son école, il a décidé d'agir. Avec l'aide de ses camarades et le soutien de ses professeurs, il a mis en place un système de compostage. Non seulement cela a réduit les déchets, mais cela a aussi permis de créer un potager scolaire. L'initiative de Karim a transformé un problème en opportunité, démontrant le pouvoir de l'innovation à petite échelle.

Ces exemples nous montrent la voie. Mais comment pouvons-nous, au quotidien, préparer le terrain pour un avenir radieux ?

Commençons par créer un environnement qui valorise l'effort plutôt que le résultat. Lorsque notre enfant nous montre son dessin, au lieu de nous focaliser sur le résultat final, intéressons-nous au processus. "Raconte-moi comment tu as eu cette idée", "Quelles difficultés as-tu rencontrées ?", "Comment les as-tu surmontées ?". Ces questions encouragent la réflexion et valorisent la persévérance.

La gestion des émotions est un autre aspect crucial de la résilience. Aidons nos enfants à identifier et à exprimer leurs sentiments. Un "coin des émotions" dans la maison, avec des outils comme un journal intime, des crayons de couleur, ou même une boîte à colère, peut-être un excellent moyen d'apprendre à canaliser et à comprendre ses émotions.

L'esprit d'innovation, lui, se nourrit de curiosité. Transformons les questions de nos enfants en opportunités d'exploration. "Pourquoi le ciel est bleu ?" peut devenir le point de départ d'une passionnante expérience scientifique à la maison. Approuvons les questions, même si nous n'avons pas toujours les réponses.

L'important est de montrer que la quête de connaissances est un processus continu et excitant.

Les jeux de construction, les puzzles, les énigmes sont autant d'outils pour développer la pensée latérale et la résolution de problèmes. Organisez des "défis familiaux" : construire la tour la plus haute avec des objets du quotidien, créer un parcours pour une bille à travers le salon, inventer une nouvelle recette avec des ingrédients imposés. Ces activités stimulent la créativité et l'inventivité.

L'exposition à diverses cultures et perspectives est également cruciale. Les livres, les films, la musique d'autres pays ouvrent l'esprit et nourrissent la créativité. Pourquoi ne pas instaurer une "soirée découverte" mensuelle, où chaque membre de la famille présente un aspect d'une culture différente ?

L'apprentissage par l'erreur est un concept clé. Créons un environnement où l'échec n'est pas tabou, mais vu comme une étape vers le succès. Partageons nos propres expériences d'échecs et comment nous les avons surmontées. Cela montre à nos enfants que les difficultés font partie intégrante du parcours vers la réussite.

La collaboration est une compétence essentielle dans le monde moderne. Encourageons les projets de groupe, que ce soit à l'école ou dans les activités extrascolaires. Apprenons à nos enfants à écouter les idées des autres, à contribuer de manière constructive, à gérer les désaccords de manière positive.

L'autonomie est un autre pilier de la résilience. Donnons progressivement plus de responsabilités à nos enfants, adaptées à leur âge. Cela peut aller de la gestion de leur emploi du temps à la planification d'une sortie familiale. Ces expériences renforcent la confiance en soi et développent des compétences organisationnelles précieuses.

La conscience écologique est un aspect incontournable de l'avenir. Impliquons nos enfants dans des actions concrètes : tri des déchets, économies d'énergie, jardin potager. Ces gestes quotidiens sensibilisent aux enjeux environnementaux et encouragent une réflexion sur notre impact sur la planète.

L'empathie et l'intelligence émotionnelle sont des qualités essentielles dans un monde de plus en plus interconnecté. Encourageons le bénévolat, les actions caritatives. Ces expériences développent la compassion et la conscience sociale.

La pensée critique est un outil puissant face à la surinformation. Apprenons à nos enfants à vérifier les sources, à remettre en question les affirmations, à former leur propre opinion. Les débats familiaux sur l'actualité peuvent être un excellent exercice.

N'oublions pas l'importance du bien-être physique. Un esprit sain dans un corps sain n'est pas qu'un dicton. Incitons l'activité physique, une alimentation équilibrée, un sommeil suffisant. Ces habitudes de vie saines sont le fondement d'une résilience durable.

La créativité artistique, souvent négligée dans l'éducation formelle, est un formidable outil de développement personnel. Que ce soit par la musique, le dessin, la danse ou l'écriture, l'expression artistique permet d'explorer ses émotions, de développer sa confiance en soi et de stimuler l'innovation.

Enfin, cultivons l'optimisme. Non pas un optimisme naïf, mais une attitude positive face aux défis. Montrons à nos enfants comment chercher des opportunités dans les difficultés, comment transformer les obstacles en tremplins.

Le chemin vers un avenir brillant n'est pas une ligne droite. Il est fait de détours, de montées et de descentes. Notre rôle est d'équiper nos enfants pour ce voyage, de leur donner les outils pour tracer leur propre voie.

En cultivant la résilience émotionnelle et l'esprit d'innovation, nous ne préparons pas seulement nos enfants à affronter l'avenir. Nous les armons pour le façonner, pour y laisser leur empreinte unique. C'est un défi exaltant, une responsabilité immense, mais aussi une opportunité extraordinaire de contribuer à un monde meilleur à travers la prochaine génération.

## 6.4 : Activité : "Les graines du futur" explorer les vocations potentielles

Plongeons dans une expérience fascinante : "Les graines du futur". Cette activité stimulante vise à éveiller la curiosité de nos enfants et à les aider à découvrir leurs passions naissantes. Elle repose sur deux piliers essentiels : l'exploration personnelle et l'ouverture d'esprit.

L'objectif n'est pas de fixer un parcours professionnel dès le plus jeune âge, mais plutôt d'encourager une réflexion sur les possibilités infinies qui s'offrent à eux. C'est une invitation à rêver grand, à explorer des domaines inconnus, et à cultiver un sentiment d'émerveillement face au monde qui les entoure.

Commençons par une anecdote inspirante. Sarah, 11 ans, était fascinée par les étoiles. Ses parents ont décidé d'organiser une "semaine de l'astronomie" à la maison. Ils ont emprunté des livres à la bibliothèque, regardé des documentaires, et même contacté un club d'astronomie local pour une séance d'observation nocturne. À la fin de la semaine, Sarah ne rêvait plus seulement de devenir astronaute, mais s'intéressait aussi à l'astrophysique, à l'ingénierie spatiale, et même à l'astrobiologie. Cette expérience a élargi ses horizons et planté les graines de nombreuses vocations potentielles.

Voici comment mettre en place "Les graines du futur" :

### 1. Le jardin des métiers :

Créez un "jardin" sur un grand panneau. Chaque métier ou domaine d'intérêt est représenté par une fleur. Au centre de chaque fleur, écrivez le nom du métier. Sur les pétales, notez les compétences, qualités ou connaissances nécessaires pour ce métier. Encouragez votre enfant à dessiner de nouvelles fleurs au fur et à mesure qu'il découvre de nouveaux métiers.

### 2. La chasse aux trésors des talents :

Organisez une "chasse aux trésors" à la maison. Cachez des objets représentant différents domaines (un stéthoscope pour la médecine, un pinceau pour l'art, une loupe pour la science, etc.).

Pour chaque objet trouvé, discutez des métiers associés et des qualités requises.

### 3. Les interviews imaginaires :

Proposez à votre enfant de jouer le rôle d'un journaliste interviewant des professionnels de différents domaines. Vous pouvez jouer ces rôles ou inviter des amis ou des membres de la famille à participer. Cela permet d'explorer divers métiers de manière ludique et interactive.

### 4. Le journal du futur :

Assurez-vous que votre enfant tient un "journal du futur". Chaque semaine, il peut y noter une nouvelle découverte sur un métier ou un domaine qui l'intéresse. Il peut y coller des images, écrire ses réflexions, ou dessiner ses idées.

### 5. Les défis hebdomadaires :

Lancez un défi hebdomadaire lié à différents domaines. Par exemple, une semaine pourrait être consacrée à la cuisine (créer une nouvelle recette), une autre à l'ingénierie (construire une structure avec des matériaux recyclés), ou encore à l'écologie (concevoir un petit jardin urbain).

### 6. La boîte à rêves :

Créez une "boîte à rêves" où votre enfant peut déposer des notes sur ses aspirations, ses idées de métiers, ou simplement des choses qu'il aimerait accomplir dans le futur. Relisez ensemble ces notes régulièrement et discutez de l'évolution de ses intérêts.

### 7. Les excursions virtuelles :

Utilisez les ressources en ligne pour faire des "visites virtuelles" de divers lieux de travail. De nombreux musées, entreprises et institutions proposent des visites virtuelles qui peuvent être une excellente façon de découvrir différents environnements professionnels.

### 8. Le mur des héros :

Créez un "mur des héros" avec des photos et des informations sur des personnes inspirantes dans divers domaines. Incluez des figures historiques, des innovateurs contemporains, et même des héros locaux. Discutez de leurs parcours et de ce qui les rend admirables.

## 9. Le festival des passions :

Organisez constamment un "festival des passions" en famille. Chaque membre présente quelque chose qui le passionne, que ce soit un hobby, un sujet d'étude, ou un domaine professionnel. C'est l'occasion de partager et de découvrir de nouveaux intérêts.

## 10. Le jeu des compétences transversales :

Créez un jeu auquel vous listez différentes compétences (créativité, organisation, communication, etc.) et demandez à votre enfant de trouver des métiers qui utilisent ces compétences. Cela montre comment les mêmes compétences peuvent s'appliquer à divers domaines.

L'histoire de Lucas, 9 ans, illustre parfaitement l'impact de ces activités. Passionné par les jeux vidéo, ses parents craignaient qu'il ne s'intéresse qu'à jouer. En explorant les métiers liés à cette industrie, Lucas a découvert un monde de possibilités : design graphique, programmation, scénarisation, composition musicale. Son intérêt initial s'est transformé en une curiosité pour divers domaines créatifs et techniques.

Il est crucial de maintenir une atmosphère de découverte joyeuse et sans pression. L'objectif n'est pas de pousser l'enfant vers une voie particulière, mais de nourrir sa curiosité naturelle et de l'encourager à explorer.

Rappelez-vous que les intérêts évoluent. Ce qui passionne votre enfant aujourd'hui pourrait changer demain, et c'est parfaitement normal. L'important est de cultiver une attitude d'ouverture et d'apprentissage continu.

N'hésitez pas à impliquer la famille élargie et les amis dans cette exploration. Un oncle passionné de photographie, une tante ingénieure, ou un voisin jardinier peuvent offrir des perspectives uniques et inspirantes.

Encouragez votre enfant à réfléchir non seulement aux métiers existants, mais aussi à ceux qui pourraient exister dans le futur. Cet exercice stimule la créativité et l'adaptabilité, des qualités essentielles dans un monde en constante évolution.

N'oubliez pas l'importance des soft skills. Au-delà des compétences techniques, discutez de l'importance de qualités comme l'empathie, la résilience, la collaboration. Ces compétences ont une valeur inestimable dans tous les secteurs.

Enfin, commémorez chaque découverte, chaque nouvelle passion, même éphémère. Chaque expérience contribue à la construction de l'identité de votre enfant et élargit sa compréhension du monde.

En guidant nos enfants à travers "Les graines du futur", nous ne leur offrons pas seulement un aperçu des possibilités professionnelles. Nous leur donnons les outils pour devenir des apprenants curieux et enthousiastes tout au long de leur vie. Nous cultivons leur capacité à s'adapter, à innover, et à trouver leur place dans un monde en constante évolution.

Cette activité est bien plus qu'une simple exploration des métiers. C'est une célébration de la diversité des talents humains, une invitation à l'émerveillement face aux possibilités infinies que la vie offre. C'est un rappel que chaque enfant porte en lui les graines d'un avenir extraordinaire, attendant simplement le bon terreau pour s'épanouir.

Alors, armons-nous de patience, d'enthousiasme et d'ouverture d'esprit. Préparons-nous à être surpris, inspirés et émerveillés par les découvertes de nos enfants. Car en les aidant à explorer leurs passions, nous ne façonnons pas seulement leur avenir, mais aussi le nôtre.

# Partie III : Grandir et s'épanouir avec la pensée excessive

La pensée excessive chez les enfants est souvent perçue comme un défi, mais elle recèle un potentiel extraordinaire. Cette partie du livre vous guidera à travers les méandres de ce phénomène fascinant, en vous offrant des outils concrets pour transformer cette particularité en un atout précieux.

Deux facteurs principaux structurent notre approche : la compréhension et l'adaptation. Comprendre la nature de la pensée excessive est la première étape cruciale. Elle nous permet de décoder les comportements qui en découlent et d'appréhender le monde intérieur riche et complexe de nos enfants. L'adaptation, quant à elle, consiste à développer des stratégies sur mesure pour accompagner efficacement ces jeunes esprits bouillonnants.

Notre voyage débute par une exploration des manifestations de la pensée excessive. Nous examinerons comment elle se traduit dans le quotidien de l'enfant, de la salle de classe à la cour de récréation, en passant par la vie familiale. Des exemples concrets illustreront ces situations, vous permettant de reconnaître les signes caractéristiques de ce mode de pensée.

Ensuite, nous plongerons dans les mécanismes cognitifs et émotionnels qui sous-tendent la pensée excessive. Cette compréhension approfondie vous aidera à mieux cerner les besoins spécifiques de votre enfant et à adapter votre approche en conséquence.

La partie suivante sera consacrée aux stratégies pratiques pour canaliser cette énergie mentale débordante. Nous explorerons des techniques de mindfulness adaptées aux enfants, des exercices de respiration ludiques, et des activités créatives qui permettent d'exprimer et d'organiser les pensées de manière constructive.

Un chapitre entier sera dédié à la communication. Vous y découvrirez des méthodes pour établir un dialogue ouvert et bienveillant avec votre enfant, créant ainsi un espace sûr où il peut partager ses réflexions sans crainte d'être jugé.

Nous aborderons également le rôle crucial de l'environnement. Des conseils pratiques vous seront fournis pour aménager des espaces propices à la concentration et à la détente, tant à la maison qu'à l'école.

L'aspect social ne sera pas négligé. Nous explorerons des façons d'aider votre enfant à naviguer dans ses relations, à gérer les situations de groupe, et à développer des compétences sociales solides malgré sa tendance à la réflexion intense.

Un chapitre spécial sera consacré à la gestion du stress et de l'anxiété, souvent associés à la pensée excessive. Des techniques de relaxation, des exercices de pleine conscience, et des stratégies de résolution de problèmes seront présentés de manière accessible et ludique.

Nous conclurons cette partie en explorant les perspectives d'avenir. Comment la pensée excessive peut-elle devenir un atout dans la vie adulte ? Quelles carrières et quels domaines d'étude pourraient particulièrement convenir à ces esprits vifs et analytiques ?

Tout au long de ces chapitres, vous trouverez des témoignages inspirants d'adultes qui ont grandi avec une pensée excessive et qui ont réussi à en faire une force. Ces récits offriront espoir et inspiration, montrant que cette caractéristique peut être le tremplin vers une vie épanouie et réussie.

Notre objectif est de vous fournir un guide complet, empreint de compassion et d'optimisme. Vous découvrirez que la pensée excessive de votre enfant n'est pas un obstacle à surmonter, mais un don à cultiver. Avec les bonnes approches et un soutien adapté, ces jeunes penseurs intensifs peuvent non seulement s'épanouir, mais aussi apporter des contributions uniques et précieuses à notre monde.

Embarquons ensemble dans cette exploration passionnante. Les pages qui suivent vous offriront les clés pour accompagner votre enfant vers un avenir brillant, où sa pensée excessive deviendra son plus grand atout.

# Chapitre 7 : Le grand voyage de l'enfance à l'âge adulte

L'odyssée qui mène de l'enfance à l'âge adulte est un parcours extraordinaire, jalonné de découvertes, de défis et de transformations. Ce chapitre se propose d'explorer cette transition cruciale, en se concentrant sur deux facteurs essentiels : l'accompagnement bienveillant et l'adaptation progressive.

L'accompagnement bienveillant constitue le fil d'Ariane de ce périple. Il s'agit de guider l'enfant avec empathie et compréhension, tout en lui offrant l'espace nécessaire pour développer son autonomie. Cette approche permet de créer un environnement sécurisant où l'enfant peut explorer, expérimenter et apprendre de ses erreurs sans crainte excessive.

L'adaptation progressive, quant à elle, reconnaît que le passage à l'âge adulte n'est pas un événement soudain, mais un processus graduel. Elle implique d'ajuster constamment nos attentes et notre soutien en fonction de l'évolution de l'enfant, en respectant son rythme unique de développement.

Notre exploration débute par un regard sur les étapes clés du développement, de la petite enfance à l'adolescence. Nous examinerons les changements physiques, cognitifs et émotionnels qui marquent chaque phase, offrant ainsi une carte routière pour comprendre le voyage de votre enfant.

Ensuite, nous aborderons les défis spécifiques auxquels sont confrontés les enfants à la pensée excessive durant cette transition. Comment les aider à gérer leur anxiété face aux changements ? Comment canaliser leur tendance à la suranalyse de manière constructive ? Des stratégies concrètes et des exemples pratiques seront fournies pour naviguer ces eaux parfois tumultueuses.

La question de l'identité, centrale à cette période, fera l'objet d'une attention particulière. Nous explorerons des moyens d'aider votre enfant à développer une image de soi positive et réaliste, tout en l'encourageant à embrasser sa singularité.

Le développement des compétences sociales et émotionnelles sera également au cœur de notre réflexion. Comment favoriser l'empathie, la résilience et la gestion des émotions chez un enfant qui a tendance à tout analyser en profondeur ? Des activités et des exercices pratiques vous seront proposés pour cultiver ces aptitudes essentielles.

Nous nous pencherons aussi sur le rôle crucial de l'éducation et de l'orientation professionnelle. Comment aider votre enfant à découvrir ses passions et à les transformer en projets d'avenir ? Des conseils pour explorer différentes voies et prendre des décisions éclairées seront prodigués.

Un chapitre entier sera consacré à la gestion du stress et de l'anxiété, souvent exacerbés pendant cette période de transition. Des techniques de relaxation, de méditation et de gestion du temps adaptées aux adolescents seront présentées.

Nous aborderons ainsi la question délicate de l'équilibre entre protection et autonomie. Comment lâcher prise progressivement tout en restant un soutien solide pour votre enfant ? Des stratégies pour négocier cette nouvelle dynamique familiale seront explorées.

Enfin, nous conclurons par une réflexion sur la préparation à la vie adulte. Quelles compétences pratiques sont essentielles ? Comment encourager l'indépendance financière et émotionnelle ? Des conseils concrets et des ressources utiles seront fournis pour faciliter cette ultime étape du voyage.

Tout au long de ce chapitre, des témoignages inspirants d'adultes qui ont réussi à transformer leur pensée excessive en atout seront partagés. Ces récits offriront espoir et perspective, montrant que les défis de l'enfance peuvent devenir les forces de l'âge adulte.

Notre objectif est de vous offrir un guide complet et rassurant pour accompagner votre enfant dans cette transition majeure. Avec les bons outils et une approche adaptée, le grand voyage de l'enfance à l'âge adulte peut devenir une aventure enrichissante et épanouissante, posant les fondations d'une vie adulte réussie et équilibrée.

## 7.1 : L'adolescence : quand la pensée excessive prend un nouveau visage ?

Tic-tac, tic-tac... L'horloge biologique s'emballe, les hormones dansent la samba, et voilà que notre petit penseur excessif se métamorphose en un être mystérieux, mi-enfant, mi-adulte. Bienvenue dans la jungle de l'adolescence !

Ah, l'adolescence ! Cette période fascinante où le cerveau fait ses cartons pour déménager de l'enfance à l'âge adulte. Mais pour nos ados à la réflexion intensifiée, c'est comme faire un déménagement avec un camion de déménagement surchargé sur une route de montagne sinueuse. Accrochons nos ceintures, ça va secouer !

Prenons le cas de Léa, 14 ans, qui jusqu'alors analysait méticuleusement ses devoirs de maths. La voilà maintenant qui dissèque chaque regard, chaque mot de ses camarades avec la précision d'un chirurgien. "Est-ce que Maxime m'a vraiment souri ce matin, ou c'était juste un tic facial ?" Une question banale pour certains, une équation à mille inconnues pour Léa.

L'adolescence, c'est le moment où nos deux facteurs principaux - l'accompagnement bienveillant et l'adaptation progressive - entrent en scène comme des superhéros. Ils vont devoir jongler entre le besoin d'indépendance de l'ado et son besoin (inavoué) de soutien.

Parlons du cerveau adolescent. C'est un peu comme si quelqu'un avait décidé de réorganiser une bibliothèque en plein tremblement de terre. Les connexions neuronales se font et se défont à la vitesse de l'éclair. Pour un ado à la pensée excessive, c'est l'équivalent mental d'une fête foraine : excitant, mais potentiellement étourdissant.

Thomas, 16 ans, en sait quelque chose. Passionné d'histoire depuis son plus jeune âge, il se retrouve soudain à questionner le sens de l'existence à 3h du matin. "Si Napoléon avait eu un smartphone, aurait-il envahi les réseaux sociaux au lieu de l'Europe ?" Une idée qui peut paraître extravagante, mais qui illustre parfaitement cette nouvelle dimension de la pensée excessive chez les adolescents.

L'adaptation progressive prend ici tout son sens. Il ne s'agit pas de freiner cette effervescence intellectuelle, mais de lui donner un cadre pour s'épanouir. Pourquoi ne pas suggérer à Thomas de créer un blog historique ? Cela canaliserait ses réflexions tout en développant ses compétences rédactionnelles.

L'accompagnement bienveillant, quant à lui, se traduit par une écoute active et sans jugement. Quand Léa vient vous voir, paniquée, parce qu'elle a analysé sous tous les angles possibles le "salut" que lui a lancé sa meilleure amie et qu'elle est persuadée qu'il cachait une terrible vérité, respirez un bon coup. Votre mission, si vous l'acceptez, est de l'aider à prendre du recul, sans minimiser ses inquiétudes.

Une astuce ? Le jeu du "et si". "Et si ta meilleure amie avait simplement eu une mauvaise nuit ? Et si elle était préoccupée par un contrôle ? Et si elle avait juste mal aux dents ?" Cette approche aide à élargir les perspectives et à dédramatiser.

Mais attention, l'adolescence n'est pas qu'un champ de mines émotionnel. C'est aussi une période d'opportunités incroyables. La pensée excessive, bien canalisée, peut devenir un véritable superpouvoir.

Prenez Emma, 15 ans. Sa tendance à tout analyser en détail l'a conduite à développer une passion pour la photographie. Elle capture des instants que personne d'autre ne remarque, révélant la beauté dans les détails les plus infimes. Son compte Instagram est devenu une source d'inspiration pour ses camarades.

L'adolescence, c'est aussi le moment où l'identité se forge. Pour un jeune à la pensée excessive, cela peut se transformer en une quête existentielle digne d'un roman philosophique. "Qui suis-je ? Pourquoi suis-je ? Et si j'étais quelqu'un d'autre ?"

C'est là que l'accompagnement bienveillant prend toute son importance. Encouragez l'exploration, tout en offrant un ancrage stable. Aidez votre ado à voir que son identité n'est pas figée, qu'elle évolue et se construit au fil des expériences.

Un conseil pratique ? Le journal de gratitude. Chaque soir, invitez votre ado à noter trois choses positives de sa journée. Cela l'aide à recentrer ses pensées sur le présent et à cultiver une vision plus équilibrée de sa vie.

N'oublions pas les montagnes russes émotionnelles. Un jour au sommet du monde, le lendemain dans les abysses du désespoir. Pour un ado à la pensée excessive, ces fluctuations peuvent être particulièrement intenses.

Lucas, 17 ans, décrit cela comme "avoir un orchestre symphonique dans la tête, mais où chaque instrument jouerait une mélodie différente". Comment l'aider à trouver son harmonie ? La méditation et la pleine conscience peuvent être des alliées précieuses. Même cinq minutes par jour peuvent faire une différence significative.

L'adaptation progressive se manifeste ici dans la façon dont nous ajustons nos attentes et notre soutien. Ce qui fonctionnait à 13 ans ne sera peut-être plus efficace à 16 ans. Restez flexibles, à l'écoute, et n'hésitez pas à impliquer votre ado dans la recherche de solutions.

Une chose est sûre : l'adolescence d'un jeune à la pensée excessive ne sera jamais ennuyeuse. C'est une période de découvertes, de défis, mais aussi d'opportunités incroyables. Avec le bon équilibre entre accompagnement et liberté, votre ado peut transformer sa pensée excessive en un atout formidable.

Alors, parents, éducateurs, adultes bienveillants, enfilez vos chaussures de randonnée mentales. L'ascension peut sembler ardue, mais la vue au sommet promet d'être spectaculaire. Et qui sait ? Vous pourriez bien apprendre autant que votre ado dans cette aventure.

Rappelez-vous : cette période intense et tumultueuse n'est qu'une étape. Comme le disait un sage adolescent (probablement après une longue nuit de réflexion) : "L'adolescence, c'est comme un lundi matin qui durerait plusieurs années. Mais hey, après le lundi vient toujours le mardi !"

## 7.2 : Préparer le grand saut vers l'autonomie

Tick-tock, tick-tock... Le compte à rebours a commencé. L'heure du grand saut approche à grands pas. Mais pas de panique ! Avec les bons outils et un peu de préparation, notre jeune penseur excessif va déployer ses ailes et prendre son envol en douceur.

L'autonomie, c'est un peu comme apprendre à faire du vélo sans les petites roues. Au début, ça fait peur, on titube, on tombe parfois. Mais quelle sensation grisante quand on trouve enfin son équilibre !

Prenons l'exemple de Théo, 18 ans, à l'aube de ses études supérieures. Sa chambre est un véritable laboratoire d'analyse de l'indépendance. Des listes de courses s'entassent sur son bureau, côtoyant des tutoriels YouTube sur "Comment faire une lessive sans transformer tous ses vêtements en rose". Son cerveau bouillonne de questions : "Et si je me trompe de bus ? Et si je rate un cours important ? Et si je me retrouve sans argent au milieu du mois ?"

C'est là que nos deux facteurs principaux entrent en scène : l'accompagnement bienveillant et l'adaptation progressive. Tels des chorégraphes experts, ils vont orchestrer une danse subtile entre le lâcher-prise parental et la prise de responsabilités de l'ado.

L'adaptation progressive, c'est comme construire un pont entre la dépendance et l'indépendance. On commence par de petites traversées, puis on allonge progressivement la distance. Pour Théo, cela pourrait commencer par la gestion de son propre budget pour ses sorties du week-end, avant de passer à la gestion complète de ses finances étudiantes.

L'accompagnement bienveillant, quant à lui, c'est être le filet de sécurité invisible. C'est être là sans être omniprésent, guider sans imposer. Quand Théo vient vous voir, paniqué parce qu'il a oublié de payer une facture, respirez profondément. Votre mission :

l'aider à trouver une solution par lui-même, tout en le rassurant sur le fait que ces erreurs font partie du processus d'apprentissage.

Une astuce pratique ? Le jeu de rôle. Mettez-vous dans la peau de Théo et laissez-le jouer le rôle du parent ou du conseiller. Cette inversion des rôles peut l'aider à développer sa confiance en ses propres capacités de résolution de problèmes.

Mais l'autonomie ne se limite pas à la gestion pratique du quotidien. C'est aussi apprendre à naviguer dans les eaux parfois tumultueuses des relations sociales et professionnelles.

Prenons le cas de Léa, 19 ans, qui s'apprête à commencer son premier stage. Son esprit analytique tourne à plein régime : "Comment dois-je m'habiller ? Faut-il serrer la main ou faire la bise ? Et si je ne comprends pas une consigne, est-ce que je vais paraître incompétente si je pose une question ?"

L'adaptation progressive ici consiste à l'encourager à observer et à s'adapter à son nouvel environnement. Peut-être pourrait-elle commencer par une visite préalable de l'entreprise ? Ou par une discussion informelle avec un employé actuel ?

L'accompagnement bienveillant se manifeste en l'aidant à décortiquer ses inquiétudes. Une technique efficace est le "what's the worst that could happen?" (Quel est le pire qui pourrait se produire ?). En explorant les scénarios catastrophes, on réalise souvent que même le pire n'est pas si terrible, et on peut commencer à élaborer des stratégies pour y faire face.

Un conseil pratique ? Le journal de bord professionnel. Encouragez Léa à noter chaque jour une chose qu'elle a apprise, un défi qu'elle a relevé et une question qu'elle se pose pour le lendemain. Cela l'aidera à structurer son expérience et à prendre conscience de ses progrès.

N'oublions pas la gestion émotionnelle, un aspect crucial de l'autonomie. Pour un jeune à la pensée excessive, les montagnes russes émotionnelles de l'indépendance peuvent être particulièrement intenses.

Lucas, 20 ans, décrit sa première semaine en colocation comme "un mélange d'excitation et de terreur absolue". Il alterne entre des moments d'euphorie ("Je peux manger des céréales à minuit si je veux !") et des moments de panique ("Ai-je bien fermé le gaz avant de partir ?").

L'adaptation progressive ici consiste à l'assister à développer des routines et des rituels qui lui apportent stabilité et réconfort. Peut-être un appel hebdomadaire avec la famille ? Ou une soirée film le dimanche soir pour se détendre avant la semaine ?

L'accompagnement bienveillant se traduit par une écoute sans jugement et un encouragement à l'expression des émotions. Une technique efficace est le "mood tracking" (suivi de l'humeur). Encouragez Lucas à noter son humeur chaque jour, ainsi que les événements qui l'ont influencée. Cela l'aidera à identifier ses déclencheurs émotionnels et à développer des stratégies pour les gérer.

Un point crucial à aborder est la gestion de l'échec. Pour un jeune à la pensée excessive, une erreur peut rapidement se transformer en catastrophe existentielle. C'est là que l'accompagnement bienveillant prend tout son sens.

Emma, 21 ans, a raté son premier examen à l'université. Son monde s'écroule. "C'est fini, je ne réussirai jamais, j'ai tout gâché !" Votre rôle ? L'aider à recadrer la situation. Un examen raté n'est pas la fin du monde, c'est une opportunité d'apprentissage.

Une technique efficace est le "reframing" (recadrage). Aidez Emma à transformer ses pensées négatives en défis positifs. "J'ai tout gâché" devient "J'ai tout gâché" devient "J'ai repéré les domaines auxquels je dois progresser".

L'adaptation progressive se manifeste ici dans la façon dont nous l'aidons à développer sa résilience. Peut-être pourrait-elle commencer par se fixer des objectifs plus petits et plus facilement atteignables, avant de s'attaquer à des défis plus importants ?

Un conseil pratique ? Le "failure resume" (CV des échecs). Encouragez Emma à tenir un journal de ses échecs, mais aussi de ce qu'elle en a appris et comment elle a rebondi. Cela l'aidera à voir que les échecs font partie intégrante du processus d'apprentissage et de croissance.

Le grand saut vers l'autonomie peut sembler vertigineux, mais avec le bon équilibre entre accompagnement et liberté, nos jeunes penseurs excessifs peuvent transformer cette expérience en une aventure passionnante.

Rappelez-vous, chers parents et mentors : votre rôle n'est pas de couper le cordon, mais de le transformer en un élastique solide. Assez souple pour permettre l'exploration et la prise de risque, mais assez résistant pour offrir un point d'ancrage sécurisant quand le besoin s'en fait sentir.

Comme l'a si bien dit un jeune philosophe en herbe (probablement après sa première lessive ratée) : "L'autonomie, c'est comme apprendre à nager. Au début, on boit la tasse, mais une fois qu'on a trouvé son rythme, on peut explorer des océans entiers !"

## 7.3 : La pensée excessive à travers les âges : une métamorphose continue

Ah, la pensée excessive ! Cette fidèle compagne qui, telle une ombre, nous suit à travers les différentes étapes de notre existence. Elle évolue, se transforme, mais ne nous quitte jamais vraiment. Plongeons dans cette fascinante odyssée de l'esprit, où chaque âge apporte son lot de défis et de découvertes.

### L'enfance : Le royaume des "pourquoi ?"

Nos premiers pas dans le monde de la réflexion intense commencent souvent dès notre plus jeune âge. Qui n'a pas connu un enfant dont la curiosité insatiable se manifestait par un flot ininterrompu de questions ?

Prenons le cas de la petite Zoé, 5 ans, véritable détective en herbe. Sa mère raconte : "Un jour, Zoé m'a demandé pourquoi le ciel était bleu. J'ai à peine eu le temps de lui expliquer le concept de diffusion de la lumière qu'elle enchaînait déjà : 'Mais pourquoi la lumière se diffuse ? Et si elle n'était pas diffusée ? Et si nos yeux voyaient différemment ? Et si...' J'ai cru que ça ne finirait jamais !"

Cette phase est cruciale dans le développement de la pensée. C'est ici que nos deux facteurs principaux entrent en jeu : la stimulation cognitive et l'encadrement émotionnel. La stimulation cognitive consiste à nourrir cette curiosité naturelle, à encourager l'exploration et la réflexion. L'encadrement émotionnel, quant à lui, vise à rassurer l'enfant, à lui montrer que toutes les questions sont valables et que ne pas avoir toutes les réponses est parfaitement normal.

Une approche efficace ? Le jeu des "Et si...". Encouragez l'enfant à imaginer des scénarios alternatifs, à explorer les possibilités. Cela stimule sa créativité tout en canalisant son flot de pensées.

## L'adolescence : La tempête des "qui suis-je ?"

Puis vient l'adolescence, période tumultueuse où la pensée excessive prend souvent des allures de tornade existentielle. Les questions ne sont plus seulement tournées vers l'extérieur, mais aussi - et surtout - vers l'intérieur.

Considérons le cas de Théo, 15 ans. Son journal intime (qu'il a bien voulu partager, merci Théo !) ressemble à un véritable labyrinthe philosophique : "Qui suis-je vraiment ? Est-ce que mes amis m'apprécient pour ce que je suis ou pour ce qu'ils croient que je suis ? Et d'ailleurs, est-ce que je sais absolument qui je suis ? Et si tout ça n'avait aucun sens ?"

À ce stade, la stimulation cognitive prend la forme d'encouragements à l'introspection et à l'exploration de différentes identités. L'encadrement émotionnel, lui, se concentre sur la validation des émotions et la normalisation des doutes.

Une technique utile ? Le "mind mapping" (cartographie mentale). Encouragez l'adolescent à créer une carte visuelle de ses pensées, de ses questionnements. Cela peut l'aider à structurer son chaos intérieur et à identifier des schémas récurrents.

## L'âge adulte : Le labyrinthe des "et si..."

L'âge adulte apporte son lot de responsabilités, et avec elles, de nouvelles formes de pensée excessive. C'est l'ère des "et si..." paralysants.

Emma, 32 ans, cadre dynamique, se retrouve souvent prise au piège de ses propres réflexions : "Et si je rate cette présentation ? Et si je ne suis pas à la hauteur ? Et si je fais le mauvais choix de carrière ? Et si je regrette d'avoir ou de ne pas avoir d'enfants ?"

La stimulation cognitive à ce stade consiste à encourager la prise de décision éclairée, l'analyse des risques et des opportunités. L'encadrement émotionnel se concentre sur la gestion du stress et l'acceptation de l'incertitude.

Une approche bénéfique ? La technique du "pire scénario". Invitez la personne à imaginer le pire qui pourrait arriver, puis à élaborer des stratégies pour y faire face. Souvent, on réalise que même le pire n'est pas si catastrophique qu'on l'imaginait.

## La quarantaine : Le miroir des "ai-je bien fait ?"

La quarantaine marque souvent un tournant. C'est l'heure du bilan, des remises en question. La pensée excessive prend alors des allures de tribunal intérieur.

Prenons Lucas, 45 ans. Il passe ses nuits à ressasser : "Ai-je fait les bons choix ? Ai-je été un bon père ? Un bon mari ? Ai-je réalisé mon potentiel ? Est-il trop tard pour changer ?"

Ici, la stimulation cognitive se tourne vers l'analyse constructive du passé et la projection dans l'avenir. L'encadrement émotionnel se concentre sur l'acceptation de soi et la redéfinition des priorités.

Une technique efficace ? Le "journal de gratitude". Encouragez la personne à noter chaque jour trois choses pour lesquelles elle est reconnaissante. Cela aide à rééquilibrer la perspective, à voir le verre à moitié plein plutôt qu'à moitié vide.

## La cinquantaine et au-delà : La quête du "quel est le sens de tout ça ?"

Avec l'âge vient souvent une forme de sagesse, mais aussi de nouvelles interrogations. La pensée excessive prend alors une dimension plus existentielle.

Jeanne, 68 ans, partage : "Je me surprends souvent à méditer sur le sens de la vie. Quel héritage vais-je laisser ? Comment puis-je encore contribuer ? Et après, que se passe-t-il ?"

À ce stade, la stimulation cognitive se tourne vers la recherche de sens, la transmission de l'expérience. L'encadrement émotionnel se concentre sur l'acceptation du cycle de la vie et la célébration du chemin parcouru.

Une approche intéressante ? Le "projet héritage". Encouragez la personne à réfléchir à ce qu'elle aimerait transmettre, que ce soit des connaissances, des valeurs ou des souvenirs, et à mettre en place des actions concrètes pour le faire.

Tout au long de ce parcours, la pensée excessive se métamorphose, reflétant nos préoccupations du moment. Elle peut être à la fois un moteur de croissance et une source d'anxiété. L'art réside dans notre capacité à la canaliser, à en faire une alliée plutôt qu'une ennemie.

Comme l'a si justement dit un sage penseur excessif (probablement après une nuit blanche de réflexion) : "La pensée excessive, c'est comme une rivière tumultueuse. On peut soit se laisser emporter par le courant, soit apprendre à naviguer dessus."

Alors, chers lecteurs, que vous soyez dans la phase des "pourquoi", des "qui suis-je", des "et si", des "ai-je bien fait" ou des "quel est le sens de tout ça", rappelez-vous : votre pensée excessive est un outil puissant. Apprenez à l'utiliser avec sagesse, et elle vous mènera vers des horizons insoupçonnés.

Et n'oubliez pas : chaque âge apporte sa propre saveur à notre réflexion. Savourez-la, questionnez-la, mais surtout, ne cessez jamais d'explorer les méandres fascinants de votre esprit. Car c'est dans cette exploration continue que réside la véritable richesse de l'existence.

<u>**7.4 : Réflexion guidée : Imaginer et préparer l'avenir de votre enfant penseur**</u>

Chers parents, éducateurs et mentors, nous voici face à un défi passionnant : cultiver et nourrir l'esprit d'un jeune penseur. C'est une tâche à la fois exaltante et délicate, qui requiert patience, compréhension et créativité. Embarquons ensemble dans cette aventure extraordinaire, où chaque question posée est une graine plantée pour l'avenir.

**Le terreau fertile de la curiosité**

Tout commence par un simple "pourquoi ?". Ce mot magique, souvent répété jusqu'à l'épuisement, est le signe d'un esprit en pleine effervescence. Plutôt que de le considérer comme une source d'agacement, voyez-le comme une opportunité en or.

Prenons l'exemple de Léa, 6 ans, dont la mère partage : "Un jour, Léa m'a demandé pourquoi les nuages ne tombaient pas du ciel. Au lieu de lui donner une réponse toute faite, je lui ai proposé de faire une expérience. Nous avons rempli un verre d'eau, mis un morceau de coton par-dessus et retourné le verre. L'eau ne coulait pas ! Ses yeux brillaient d'émerveillement quand elle a compris le principe de la tension superficielle."

Cette anecdote illustre parfaitement nos deux facteurs principaux : la stimulation cognitive et l'encadrement émotionnel. La stimulation cognitive consiste à transformer chaque question en une opportunité d'apprentissage pratique. L'encadrement émotionnel, lui, se manifeste dans l'enthousiasme partagé et l'encouragement à explorer.

Conseil pratique : Mettez en place un "mur des questions" chez vous. Chaque fois que votre enfant pose une question intéressante, écrivez-la sur un post-it et collez-le au mur. Consacrez un moment chaque semaine pour explorer ensemble ces questions. C'est une façon ludique de valoriser sa curiosité et de structurer son apprentissage.

**L'art de la réflexion critique**

À mesure que votre enfant grandit, sa capacité à analyser et à remettre en question le monde qui l'entoure se développe. C'est le moment idéal pour introduire des outils de réflexion critique.

Lucas, 10 ans, a surpris son institutrice avec cette réflexion : "Si on dit que le réchauffement climatique fait fondre la banquise, pourquoi mon glaçon dans mon verre d'eau ne fait pas monter le niveau quand il fond ?" Cette question a ouvert la porte à une passionnante discussion sur la différence entre la glace sur terre et la glace en mer.

Ici, la stimulation cognitive prend la forme d'encouragements à poser des questions audacieuses et à remettre en question les idées reçues. L'encadrement émotionnel consiste à valoriser ces questionnements, même lorsqu'ils semblent remettre en cause ce que nous leur enseignons.

**Activité stimulante** : Organisez des "dîners philosophiques" en famille. Choisissez un sujet de réflexion adapté à l'âge de votre enfant et discutez-en pendant le repas. Cela peut différer de "Pourquoi les personnes mentent-elles ?" pour les plus jeunes à "Quelle est la signification du bonheur ?" Pour les plus âgés. L'objectif n'est pas d'arriver à une conclusion, mais d'explorer différentes perspectives.

## La créativité comme carburant de la pensée

Un esprit curieux est souvent un esprit créatif. Encourager la créativité de votre enfant penseur, c'est lui donner les ailes pour explorer des territoires inconnus de la réflexion.

Emma, 8 ans, a surpris ses parents avec cette invention : un "attrape-cauchemars" fait de bâtons, de ficelle et de petits objets brillants. Quand on lui a demandé comment ça fonctionnait, elle a expliqué : "Les cauchemars sont attirés par les objets brillants, comme les papillons par la lumière. Ils se coincent dans les fils et le matin, le soleil les fait fondre."

La stimulation cognitive ici prend la forme d'encouragements à inventer, à créer des solutions originales. L'encadrement émotionnel se manifeste dans la valorisation de ces créations, aussi farfelues soient-elles.

**Défi créatif** : Proposez à votre enfant de résoudre un problème du quotidien de manière originale. Par exemple, comment arroser les plantes pendant les vacances ? Comment ranger sa chambre plus efficacement ? Laissez libre cours à son imagination et voyez quelles solutions surprenantes il peut trouver.

## L'empathie et la pensée sociale

Un grand penseur n'est pas seulement quelqu'un qui réfléchit bien, mais aussi quelqu'un qui comprend les autres et le monde qui l'entoure. Cultiver l'empathie et la conscience sociale est cruciale.

Théo, 12 ans, a initié un projet dans son école après avoir vu un sans-abri dans la rue : "Si chacun dans l'école apporte une boîte de conserve par mois, on pourrait nourrir beaucoup de gens qui ont faim." Ce projet est né d'une réflexion profonde sur les inégalités et la responsabilité sociale.

La stimulation cognitive ici consiste à encourager la réflexion sur des problèmes sociaux complexes. L'encadrement émotionnel se concentre sur la validation de ces préoccupations et l'encouragement à agir de manière positive.

**Exercice d'empathie** : Proposez à votre enfant de se mettre dans la peau de quelqu'un d'autre pendant une journée. Ça peut être un camarade de classe, un voisin âgé, ou même un animal de compagnie. Demandez-lui d'imaginer les défis que cette personne (ou cet animal) pourrait rencontrer et comment il pourrait les aider.

## La résilience face aux défis intellectuels

Enfin, n'oublions pas que la pensée profonde peut parfois être source de frustration ou d'anxiété. Il est crucial d'enseigner à votre jeune penseur la résilience face aux défis intellectuels.

Sarah, 15 ans, partage : "Parfois, quand je réfléchis trop à l'avenir de la planète, je me sens submergée et impuissante. Mais ma prof m'a appris à me concentrer sur les petites actions que je peux faire chaque jour. Ça m'aide à garder espoir."

La stimulation cognitive ici prend la forme d'encouragements à persévérer face aux problèmes complexes. L'encadrement émotionnel se concentre sur la gestion du stress et l'importance de prendre soin de sa santé mentale.

**Technique de gestion du stress** : Apprenez à votre enfant la technique de la "pause réflexive". Quand il se sent submergé par ses pensées, encouragez-le à prendre une pause, à respirer profondément et à se demander : "Est-ce que je peux faire quelque chose à ce sujet maintenant ? Si oui, quoi ? Si non, comment puis-je lâcher prise pour le moment ?"

L'avenir appartient aux esprits curieux, créatifs et compatissants. En nourrissant ces qualités chez votre enfant penseur, vous lui offrez les outils pour naviguer dans un monde en constante évolution. Rappelez-vous que votre rôle n'est pas de fournir toutes les réponses, mais d'encourager les bonnes questions.

Comme l'a si bien dit un célèbre éducateur : "L'esprit d'un enfant n'est pas un vase à remplir, mais un feu à allumer." Alors, chers parents et mentors, continuez à alimenter ce feu avec patience, amour et curiosité. L'aventure ne fait que commencer, et qui sait quelles merveilles l'esprit de votre jeune penseur nous réservent pour l'avenir ?

# Chapitre 8 : Paroles de cœur et d'esprit des enfants

Les enfants, ces petits êtres en constante évolution, nous surprennent souvent par la profondeur de leurs réflexions et la pureté de leurs émotions. Leurs paroles, tantôt naïves, tantôt empreintes d'une sagesse inattendue, sont de véritables fenêtres ouvertes sur leur monde intérieur en pleine construction. Ce chapitre nous invite à plonger dans cet univers fascinant, à l'écoute de ces voix qui, bien que jeunes, ont tant à nous apprendre.

La richesse des expressions enfantines repose sur deux piliers fondamentaux : l'authenticité émotionnelle et la créativité cognitive. L'authenticité émotionnelle se manifeste dans la spontanéité avec laquelle les enfants expriment leurs sentiments, sans les filtres que nous, adultes, avons appris à mettre en place. La créativité cognitive, quant à elle, se révèle dans leur capacité à voir le monde sous des angles inédits, à faire des associations surprenantes et à poser des questions qui bousculent nos certitudes.

Considérons d'abord l'authenticité émotionnelle. Les enfants ont cette capacité unique à verbaliser leurs émotions avec une franchise désarmante. Qu'il s'agisse de joie, de tristesse, de colère ou de peur, leurs mots vont droit au cœur de ce qu'ils ressentent. Cette transparence émotionnelle est un trésor précieux, car elle nous rappelle l'importance de rester en contact avec nos propres sentiments.

Par exemple, lorsque la petite Léa, 5 ans, dit à sa maman après une journée difficile : "Mon cœur est tout gris aujourd'hui", elle exprime sa tristesse d'une manière à la fois poétique et directe. Cette façon de communiquer nous invite à réfléchir sur notre propre langage émotionnel et à nous demander si, avec le temps, nous n'avons pas perdu cette capacité à exprimer nos sentiments de manière aussi pure et imagée.

Passons maintenant à la créativité cognitive. L'esprit d'un enfant est un terrain fertile où germent des idées originales et des questions inattendues. Leur façon unique de percevoir le monde les amène souvent à faire des observations qui nous échappent, à nous adultes, trop habitués à notre environnement.

Prenons l'exemple de Tom, 7 ans, qui demande à son père : "Papa, est-ce que les arbres ont froid en hiver quand ils perdent leurs feuilles ?" Cette question, à première vue naïve, révèle en réalité une forme d'empathie envers la nature et une réflexion sur les cycles de la vie. Elle nous pousse à reconsidérer notre relation avec le monde qui nous entoure et à nous émerveiller à nouveau devant les mystères de la nature.

Ces paroles d'enfants, qu'elles soient empreintes d'émotion ou de réflexion, sont autant d'invitations à ralentir, à écouter et à nous reconnecter avec notre propre enfant intérieur. Elles nous rappellent l'importance de cultiver la curiosité, l'empathie et la capacité d'émerveillement tout au long de notre vie.

Au fil des pages qui suivent, nous explorerons une collection de ces perles de sagesse enfantine. Chaque citation sera une opportunité de réflexion, un miroir tendu à notre propre façon de penser et de ressentir. Nous verrons comment ces paroles, dans leur simplicité apparente, peuvent éclairer des vérités profondes sur la nature humaine, les relations, et notre place dans le monde.

Ouvrons grand nos oreilles et nos cœurs à ces voix cristallines. Laissons-nous surprendre, émouvoir et inspirer par la fraîcheur de leur perspective. Car c'est peut-être en réapprenant à voir le monde à travers les yeux d'un enfant que nous retrouverons les clés d'une existence plus authentique et plus épanouie.

## 8.1 : Récits inspirants de jeunes penseurs et de leurs familles

Il était une fois... Non, oublions les contes de fées. Parlons plutôt de vraies histoires, celles qui se déroulent sous nos yeux, dans nos maisons, nos écoles, nos quartiers. Des histoires de petits génies en herbe qui, jour après jour, nous émerveillent par leur façon unique de voir le monde. Voici quelques-unes de ces pépites de sagesse enfantine, accompagnées des réactions de leurs familles, qui illustrent parfaitement les deux facteurs principaux de notre étude : l'authenticité émotionnelle et la créativité cognitive.

## L'étoile filante de Léo

Léo, 6 ans, était allongé sur l'herbe une nuit d'été, les yeux rivés vers le ciel étoilé. Soudain, une étoile filante traversa le firmament. Sa mère, enchantée, lui demanda de faire un vœu. Léo fronça les sourcils et déclara : "Mais maman, si je fais un vœu pour moi, l'étoile ne pourra pas exaucer les vœux des autres enfants qui l'ont vue. Je préfère qu'elle continue son chemin."

La mère de Léo, touchée par cette réflexion, nous confie : "J'ai été stupéfaite par son altruisme. À son âge, je n'aurais pensé qu'à mon propre vœu. Ça m'a fait réfléchir sur ma propre façon de voir les choses."

Cette anecdote illustre parfaitement l'authenticité émotionnelle de Léo, capable d'une empathie surprenante pour son âge, ainsi que sa créativité cognitive, remettant en question l'idée même de faire un vœu égoïste.

## Le potager philosophique d'Emma

Passons maintenant au jardin d'Emma, 8 ans, qui a transformé le potager familial en véritable laboratoire de réflexion. Un jour, alors qu'elle arrosait les plants de tomates avec son père, elle s'est exclamée : "Papa, tu crois que les plantes ont une famille ? Parce que si oui, on est un peu méchants de les séparer, non ?"

Le père d'Emma raconte : "Au début, j'ai ri. Puis j'ai réalisé que sa question soulevait des interrogations profondes sur notre relation à la nature. Nous avons eu une discussion fascinante sur l'écologie et l'éthique."

La créativité cognitive d'Emma l'a amenée à personnifier les plantes, ouvrant la porte à une réflexion sur notre responsabilité envers l'environnement. Son authenticité émotionnelle s'est manifestée dans sa préoccupation sincère pour le bien-être des plantes.

## Le temps selon Hugo

Hugo, 5 ans, a surpris sa grand-mère avec cette réflexion : "Mamie, pourquoi on dit que le temps passe vite quand on s'amuse ? Il devrait passer lentement pour qu'on puisse s'amuser plus longtemps, non ?"

La grand-mère d'Hugo partage : "J'ai été scotchée. C'est vrai que notre perception du temps est étrange. Ça m'a rappelé l'importance de savourer chaque instant."

La question d'Hugo démontre une créativité cognitive impressionnante, remettant en question une expression courante. Son authenticité émotionnelle transparaît dans son désir de prolonger les moments de bonheur.

## Les nuages de Zoé

Zoé, 7 ans, observait le ciel par la fenêtre de la voiture lors d'un long trajet. Soudain, elle s'est exclamée : "Papa, les nuages sont comme des pensées ! Ils changent tout le temps de forme et parfois ils deviennent tout gris quand ils sont tristes."

Le père de Zoé raconte : "J'ai été bluffé par cette comparaison. C'était à la fois poétique et profond. Ça m'a fait réfléchir sur la nature changeante de nos émotions et de nos pensées."

La métaphore de Zoé illustre brillamment sa créativité cognitive, établissant un lien inattendu entre les phénomènes naturels et les processus mentaux. Son authenticité émotionnelle se révèle dans sa capacité à attribuer des émotions aux nuages.

## Le miroir de Théo

Théo, 9 ans, se regardait dans le miroir un matin. Il se tourna vers sa mère et lui demanda : "Maman, est-ce que le Théo dans le miroir pense la même chose que moi ?"

La mère de Théo explique : "Cette question m'a laissée sans voix. Elle soulève des questions philosophiques sur l'identité, la conscience de soi. J'ai réalisé que mon fils commençait à explorer des concepts très profonds."

La question de Théo démontre une créativité cognitive remarquable, remettant en question la nature de la réflexion et de la conscience. Son authenticité émotionnelle se manifeste dans sa curiosité sincère sur sa propre identité.

## Les étoiles de mer de Nina

Lors d'une promenade sur la plage, Nina, 6 ans, a vu son père remettre à l'eau une étoile de mer échouée. Elle a alors interrogé son père : "Papa, si toutes les étoiles de mer sont mises à l'eau, comment le ciel va-t-il briller la nuit ? "

Le père de Nina raconte en riant : "J'ai été pris de court ! C'était à la fois adorable et profond. Ça m'a rappelé que les enfants ont une façon unique de relier les choses qui nous paraissent évidentes."

La confusion de Nina entre les étoiles célestes et les étoiles de mer illustre sa créativité cognitive, créant des liens inattendus entre des concepts distincts. Son authenticité émotionnelle se révèle dans sa préoccupation pour la beauté du ciel nocturne.

Ces récits nous rappellent que l'esprit d'un enfant est un trésor de créativité et d'authenticité. Leurs questions, leurs réflexions, aussi simples puissent-elles paraître, sont souvent le point de départ de discussions profondes et enrichissantes. Elles nous invitent à remettre en question nos propres certitudes, à voir le monde avec un regard neuf.

En tant que parents, éducateurs ou simplement adultes en contact avec des enfants, notre rôle est crucial. Nous devons cultiver cette capacité d'émerveillement, encourager ces questionnements, et prendre le temps d'explorer avec eux ces territoires de la pensée. Car c'est dans ces moments de partage et de réflexion que se forgent les esprits créatifs et empathiques de demain.

Alors, la prochaine fois qu'un enfant vous pose une question qui vous semble bizarre ou vous fait une remarque qui vous paraît décalée, ne la balayez pas d'un revers de main. Prenez le temps d'y réfléchir, d'en discuter. Qui sait ? Vous pourriez bien être en train d'assister à l'éclosion d'une grande idée, ou tout facilement de redécouvrir le monde à travers les yeux émerveillés d'un enfant.

## 8.2 : Les leçons apprises sur le chemin de l'épanouissement

Éduquer un enfant, c'est comme cultiver un jardin extraordinaire. Chaque jour apporte son lot de surprises, de défis et de moments de pure joie. Dans cette aventure, nous sommes à la fois jardiniers et apprentis, car nos petits nous enseignent autant que nous leur apprenons. Plongeons dans les précieuses leçons glanées au fil de ce périple fascinant, en gardant toujours à l'esprit nos deux phares : l'authenticité émotionnelle et la créativité cognitive.

### 1. L'art d'écouter vraiment

Combien de fois avons-nous entendu quelque chose sans réellement écouter ? Sarah, mère de deux enfants, raconte : "Un soir, mon fils de 4 ans m'a demandé pourquoi la lune nous suivait en voiture. J'allais lui donner une explication scientifique rapide quand j'ai réalisé que sa question cachait une inquiétude : il pensait que la lune nous espionnait ! En prenant le temps d'écouter, j'ai pu apaiser ses craintes et transformer ce moment en une belle discussion sur l'astronomie."

Cette anecdote souligne l'importance de l'écoute active. En étant attentifs non seulement aux mots, mais aussi aux émotions qui les sous-tendent, nous permettons à l'authenticité émotionnelle de nos enfants de s'exprimer pleinement.

### 2. La puissance du "Je ne sais pas"

Dans notre société qui valorise l'expertise, admettre notre ignorance peut être difficile. Pourtant, c'est une des clés pour stimuler la créativité cognitive de nos enfants.

Marc, enseignant en primaire, partage : "Quand Léa m'a demandé pourquoi les zèbres avaient des rayures, j'ai avoué que je ne savais pas. Nous avons alors imaginé ensemble toutes sortes d'explications farfelues avant de faire des recherches. Cette démarche a non seulement satisfait sa curiosité, mais lui a aussi montré que l'apprentissage est un processus continu et joyeux."

### 3. L'importance de laisser place à l'ennui

Dans notre monde hyperconnecté, nous avons tendance à vouloir occuper chaque instant de la vie de nos enfants. Or, l'ennui est un terreau fertile pour la créativité.

Julie, psychologue pour enfants, explique : "J'ai observé que les enfants qui ont des moments de 'rien' développent une imagination débordante. L'ennui les pousse à inventer des jeux, à rêver, à réfléchir. C'est dans ces moments que naissent souvent les idées les plus originales."

### 4. La valeur de l'erreur

Trop souvent, nous cherchons à protéger nos enfants de l'échec. Pourtant, les erreurs sont des opportunités d'apprentissage inestimables.

Thomas, père de trois enfants, raconte : "Quand ma fille a raté son gâteau d'anniversaire, j'ai failli le refaire en cachette. Mais nous avons décidé d'en rire et d'en faire un 'gâteau catastrophe'. Non seulement elle a appris de ses erreurs, mais elle a aussi développé une résilience face à l'échec."

Cette approche nourrit à la fois l'authenticité émotionnelle (en validant les sentiments liés à l'échec) et la créativité cognitive (en trouvant des solutions originales).

### 5. L'art de poser des questions ouvertes

Les questions fermées limitent la réflexion, tandis que les questions ouvertes ouvrent des portes vers l'inconnu.

Sophie, bibliothécaire jeunesse, partage : "Au lieu de demander 'As-tu aimé ce livre ?', je demande 'Que changerais-tu dans cette histoire si tu étais l'auteur ?'. Les réponses sont toujours surprenantes et révélatrices de la richesse intérieure des enfants."

Cette technique stimule la créativité cognitive en encourageant les enfants à penser de manière divergente.

### 6. L'importance de l'exemple

Nos actions parlent plus fort que nos mots. Si nous voulons des enfants authentiques et créatifs, nous devons incarner ces qualités.

Pierre, coach parental, explique : "J'ai remarqué que les parents qui osent exprimer leurs propres émotions et qui s'adonnent à des activités créatives ont des enfants plus enclins à faire de même. L'exemple constitue l'enseignement le plus puissant. "

## 7. La magie du jeu

Le jeu n'est pas qu'un simple divertissement, c'est un outil d'apprentissage puissant.

Amina, éducatrice Montessori, souligne : "À travers le jeu, les enfants explorent, expérimentent, et apprennent sans même s'en rendre compte. C'est leur manière naturelle d'interagir avec le monde et de le comprendre."

Le jeu nourrit à la fois l'authenticité émotionnelle (en permettant l'expression libre des sentiments) et la créativité cognitive (en encourageant l'invention et l'imagination).

## 8. L'importance de la nature

Dans notre monde de plus en plus urbanisé, le contact avec la nature devient crucial pour le développement de nos enfants.

Lucas, animateur en centre de loisirs, partage : "J'ai vu des enfants transformés par une simple balade en forêt. Leur curiosité s'éveille, ils posent mille questions, inventent des histoires autour de chaque arbre. La nature est un stimulant incomparable pour leur créativité et leur sensibilité."

## 9. La valeur du temps non structuré

Dans notre société de la performance, nous avons tendance à surcharger l'emploi du temps de nos enfants. Or, le temps libre est essentiel à leur épanouissement.

Nadia, pédiatre, explique : "Les enfants ont besoin de moments où ils peuvent simplement être, sans objectif ni attente. C'est dans ces moments qu'ils apprennent à se connaître, à rêver, à développer leur monde intérieur."

## 10. L'importance de célébrer l'unicité

Chaque enfant est unique, possédant ses propres atouts et défis. Reconnaître et célébrer cette singularité est crucial.

David, enseignant spécialisé, partage : "J'ai vu des enfants s'épanouir dès qu'on reconnaissait leur façon unique de voir le monde. Un élève dyslexique est devenu le conteur star de la classe quand on lui a permis de raconter ses histoires oralement plutôt que de les écrire."

Cette approche nourrit l'authenticité émotionnelle en validant l'expérience unique de chaque enfant.

Ces leçons, glanées sur le chemin de l'éducation, nous rappellent que l'épanouissement de nos enfants est un processus complexe et merveilleux. Il ne s'agit pas de perfection, mais d'un cheminement fait d'essais, d'erreurs, de découvertes et de joies partagées. En cultivant l'authenticité émotionnelle et la créativité cognitive, nous donnons à nos enfants les outils pour devenir des êtres épanouis, capables de naviguer dans un monde en constante évolution.

Chaque jour est une occasion unique d'acquérir de nouvelles connaissances et de progresser ensemble. Alors, ouvrons grand nos yeux, nos oreilles et nos cœurs. Car nos enfants, dans leur sagesse innocente, ont tant à nous enseigner.

## <u>8.3 : Messages d'espoir pour les parents en quête de réponses</u>

Chers parents, vous qui naviguez sur les eaux parfois tumultueuses de l'éducation, ce message est pour vous. Il n'existe pas de manuel parfait pour élever un enfant, mais il y a des phares qui peuvent guider votre voyage. Concentrons-nous sur deux balises essentielles : l'authenticité émotionnelle et la créativité cognitive. Ces concepts peuvent sembler abstraits, mais ils sont la clé d'un développement harmonieux pour vos petits trésors.

## 1. L'amour inconditionnel : votre super-pouvoir

Commençons par une vérité fondamentale : votre amour est la force la plus puissante dans la vie de votre enfant. Marie, mère célibataire de deux adolescents, partage : "Il y a des jours où je doute de tout. Mais quand je vois mes enfants s'épanouir malgré nos difficultés, je réalise que mon amour a été leur roc."

L'amour inconditionnel nourrit l'authenticité émotionnelle. Il permet à l'enfant de se sentir en sécurité pour exprimer ses vrais sentiments, même les plus difficiles.

## 2. La curiosité : le moteur de l'apprentissage

Chers parents, n'ayez pas peur de dire "Je ne sais pas, découvrons ensemble". La curiosité est contagieuse et stimule la créativité cognitive.

Paul, professeur de sciences, raconte : "Un jour, un élève m'a demandé pourquoi le ciel est bleu. Au lieu de lui donner la réponse, nous avons fait une expérience avec un verre d'eau et une lampe de poche. Sa fascination était palpable."

## 3. L'échec : un tremplin vers le succès

Ne protégez pas vos enfants de l'échec, apprenez-leur à rebondir. L'authenticité émotionnelle implique d'accepter et d'exprimer toutes les émotions, y compris la déception.

Sophie, coach sportif pour enfants, explique : "J'ai vu des enfants pleurer après une défaite, puis revenir plus déterminés que jamais. Ces expériences les rendent plus résilients que n'importe quelle victoire facile."

## 4. Le jeu : le travail secret de l'enfance

Le jeu n'est pas une perte de temps, c'est un laboratoire d'apprentissage. Il stimule la créativité cognitive et permet l'expression authentique des émotions.

Lucas, éducateur en crèche, observe : "Les enfants qui jouent librement développent des compétences sociales, émotionnelles et cognitives de manière naturelle et joyeuse."

## 5. L'écoute active : votre outil le plus précieux

Écoutez non seulement avec vos oreilles, mais aussi avec votre cœur. L'écoute active favorise l'authenticité émotionnelle en validant les sentiments de l'enfant.

Anna, psychologue pour enfants, partage : "Un jour, une petite fille m'a dit qu'elle était triste parce que les nuages étaient gris. Au lieu de minimiser son sentiment, nous avons exploré ensemble cette émotion. Elle s'est sentie comprise et valorisée."

## 6. La nature : votre alliée dans l'éducation

La nature offre un terrain de jeu infini pour la créativité cognitive et un espace sûr pour l'expression émotionnelle.

Thomas, animateur nature, raconte : "J'ai vu des enfants timides s'ouvrir comme des fleurs lors de nos sorties en forêt. La nature a un pouvoir apaisant et stimulant à la fois."

## 7. Les erreurs : vos meilleures enseignantes

N'ayez pas peur de faire des erreurs devant vos enfants. Montrez-leur comment apprendre de ses fautes avec grâce et humour.

Claire, mère de trois enfants, confie : "Un jour, j'ai complètement raté un gâteau. Au lieu de m'énerver, j'en ai ri avec mes enfants. Nous avons ensuite transformé ce désastre culinaire en expérience scientifique amusante."

## 8. Le temps : votre cadeau le plus précieux

Dans notre monde hyperconnecté, offrir du temps de qualité à vos enfants est un acte révolutionnaire.

Marc, père divorcé, explique : "Depuis que j'ai instauré des 'soirées sans écran' avec mes enfants, notre relation s'est transformée. Nous parlons, nous rions, nous créons ensemble. C'est magique."

## 9. L'individualité : votre trésor à chérir

Chaque enfant est unique. Célébrez les différences plutôt que de chercher à les gommer.

Nadia, enseignante en classe multi-niveaux, partage : "J'ai un élève qui a du mal à rester assis. Au lieu de le forcer, je lui ai donné un 'bureau debout'. Sa concentration s'est améliorée et il est devenu l'un des plus créatifs de la classe."

## 10. L'optimisme : votre bouclier contre l'adversité

L'optimisme n'est pas naïveté, c'est une force. Il nourrit la créativité cognitive en ouvrant le champ des possibles.

Karim, éducateur spécialisé, raconte : "J'ai travaillé avec un enfant autiste dont les parents avaient perdu espoir. En nous concentrant sur ses forces plutôt que ses défis, nous avons découvert un talent extraordinaire pour la musique. Aujourd'hui, il s'épanouit dans une école de musique adaptée."

Chers parents, rappelez-vous que vous êtes les héros méconnus de notre société. Votre tâche est immense, mais votre impact l'est tout autant. Chaque geste d'amour, chaque mot d'encouragement, chaque moment de présence compte.

L'authenticité émotionnelle et la créativité cognitive ne sont pas des objectifs à atteindre, mais des chemins à parcourir. Ils se nourrissent de vos efforts quotidiens, de votre amour inconditionnel et de votre capacité à voir le potentiel unique de chaque enfant.

N'oubliez pas de prendre soin de vous dans ce périple. Votre bien-être est essentiel pour pouvoir donner le meilleur à vos enfants. Trouvez des moments pour vous ressourcer, pour rire, pour rêver.

Et surtout, soyez indulgents envers vous-mêmes. La parentalité parfaite n'existe pas, mais l'amour authentique transforme les imperfections en opportunités de croissance.

Vous plantez aujourd'hui les graines d'un meilleur avenir. Peut-être ne verrez-vous pas tous les fruits de votre travail, mais soyez assurés que chacun de vos efforts compte.

Alors, chers parents, relevez la tête. Vous faites un travail extraordinaire. Le monde a besoin de vos enfants, élevés avec amour, authenticité et créativité. Continuez à illuminer leur chemin avec votre amour inconditionnel et votre foi inébranlable en leur potentiel.

L'avenir appartient à ceux qui croient à la beauté de leurs rêves, et vous êtes en train de façonner les rêveurs de demain. Quelle magnifique responsabilité, quel merveilleux privilège !

## 8.4 : Espace de partage : Votre histoire avec la pensée excessive

Chers lecteurs, vous tenez entre vos mains bien plus qu'un simple livre. Vous êtes sur le point de plonger dans un océan d'expériences partagées, de témoignages poignants et de récits inspirants. Cet espace est le vôtre, un lieu où résonnent les voix de ceux qui, comme vous peut-être, ont navigué dans les eaux profondes de la pensée excessive.

La pensée excessive, souvent perçue comme un fardeau, peut se révéler être un don extraordinaire lorsqu'elle est comprise et canalisée. Les histoires que vous allez découvrir illustrent parfaitement les deux facteurs clés que nous avons explorés tout au long de cet ouvrage : l'authenticité émotionnelle et la créativité cognitive.

Commençons par l'histoire de Léa, 12 ans, une petite fille au regard pétillant et à l'imagination débordante. Sa mère, Sophie, nous raconte :

"Léa a toujours été différente. Dès son plus jeune âge, elle posait des questions qui nous laissaient bouche bée. À quatre ans, elle s'inquiétait déjà du réchauffement climatique et passait des heures à dessiner des inventions pour sauver la planète. Au début, nous étions dépassés. Comment gérer une enfant qui semblait porter le poids du monde sur ses petites épaules ?"

Sophie a appris à valoriser l'authenticité émotionnelle de Léa. Au lieu de minimiser ses inquiétudes, elle a créé un "journal des grandes idées" où Léa pouvait exprimer librement ses pensées. Cette approche a non seulement apaisé l'anxiété de Léa mais a aussi stimulé sa créativité cognitive.

"Aujourd'hui, Léa est présidente du club écologique de son école. Sa pensée excessive est devenue sa plus grande force. Elle trouve des solutions là où les autres ne voient que des problèmes."

Passons maintenant à l'histoire de Thomas, un adulte de 35 ans qui a longtemps lutté contre sa tendance à la suranalyse :

"Pendant des années, j'ai considéré ma pensée excessive comme une malédiction. Je passais des nuits blanches à ressasser des conversations, à anticiper tous les scénarios possibles pour chaque décision. J'étais épuisé, anxieux, paralysé par mes propres pensées."

Le tournant pour Thomas est survenu lorsqu'il a rencontré un mentor qui l'a aidé à voir sa pensée excessive sous un nouvel angle :

"Mon mentor m'a dit : 'Thomas, ton cerveau n'est pas ton ennemi, c'est ton superpouvoir mal canalisé.' Il m'a appris des techniques de pleine conscience pour ancrer mes pensées dans le présent et m'a encouragé à utiliser ma capacité d'analyse pour résoudre des problèmes complexes au travail."

Aujourd'hui, Thomas est un consultant en stratégie reconnu. Sa pensée excessive, autrefois source d'anxiété, est devenue son atout le plus précieux dans sa carrière.

L'histoire de Maria, enseignante de 45 ans, illustre comment la compréhension de la pensée excessive peut transformer non seulement une vie, mais aussi celle de nombreux autres :

"J'ai toujours été cette élève qui posait trop de questions, qui remettait tout en question. Mes professeurs me trouvaient fatigante. Ce n'est que lorsque je suis devenu enseignante moi-même que j'ai réalisé la valeur de cette curiosité insatiable."

Maria a créé dans sa classe un "coin des grands penseurs", un espace auquel les élèves sont encouragés à poser des questions complexes et à explorer des idées audacieuses :

"J'ai vu des enfants timides s'épanouir, des élèves en difficulté trouver leur voie. En valorisant la pensée excessive, j'ai créé un environnement sur lequel chaque enfant se sent libre d'être authentique et créatif."

Ces histoires ne représentent qu'une partie de l'iceberg. Partout dans le monde, des individus transforment leur tendance à la suranalyse en une force créative et innovante.

Prenons l'exemple de Yuki, une artiste japonaise de 28 ans :

"Mon esprit ne s'arrête jamais. Pendant longtemps, j'ai essayé de le faire taire avec des médications, de l'alcool, n'importe quoi pour avoir la paix. Puis j'ai découvert l'art abstrait. Soudain, j'avais un exutoire pour le flot incessant de mes pensées."

Les œuvres de Yuki, des explosions de couleurs et de formes complexes, sont aujourd'hui exposées dans des galeries du monde entier. Elle a trouvé un moyen de transformer son authenticité émotionnelle en créativité cognitive pure.

L'histoire d'Alexandre, 50 ans, montre comment la pensée excessive peut être un atout dans le monde des affaires :

"J'ai toujours été celui qui voyait les problèmes avant qu'ils n'arrivent. Mes collègues me trouvaient pessimiste. Mais quand j'ai lancé ma propre entreprise, cette capacité à anticiper les obstacles s'est révélée cruciale."

Alexandre dirige maintenant une société de conseil en gestion des risques. Sa pensée excessive, autrefois source de friction, est devenue la base de son succès professionnel.

Ces récits nous rappellent que la pensée excessive n'est pas un défaut à corriger, mais un don à cultiver. Chacune de ces personnes a trouvé un moyen unique d'embrasser son authenticité émotionnelle et de canaliser sa créativité cognitive.

Vous qui lisez ces lignes, peut-être vous reconnaissez-vous dans ces histoires. Certainement avez-vous un enfant, un ami, un proche qui semble porter le poids du monde sur ses épaules. Rappelez-vous que cette sensibilité, cette profondeur de pensée, est un trésor inestimable.

La clé réside dans l'acceptation et la canalisation. Acceptez vos pensées, aussi intenses soient-elles. Reconnaissez leur valeur. Puis, trouvez des moyens créatifs de les exprimer, de les utiliser pour créer, innover, résoudre des problèmes.

N'oubliez pas que vous n'êtes pas seul. Partout dans le monde, des esprits comme le vôtre transforment leur pensée excessive en une force positive. Ils créent des œuvres d'art éblouissantes, résolvent des problèmes complexes, inventent des solutions pour un monde meilleur.

Votre histoire avec la pensée excessive est unique. Elle mérite d'être racontée, célébrée. Alors, prenez un moment pour réfléchir à votre parcours. Comment votre tendance à la suranalyse vous a-t-elle défié ? Comment vous a-t-elle enrichi ? Quelles stratégies avez-vous développées pour en faire une force plutôt qu'une faiblesse ?

Partagez votre histoire. Inspirez les autres. Car c'est en parlant ouvertement de nos expériences que nous brisons les stigmates et que nous ouvrons la voie à une compréhension plus profonde et plus nuancée de la pensée excessive.

Souvenez-vous, votre esprit n'est pas votre ennemi. C'est un outil puissant, un don précieux. Apprenez à l'écouter, à le comprendre, à le canaliser. Car c'est dans cette danse subtile entre authenticité émotionnelle et créativité cognitive que réside votre plus grand potentiel.

Vous êtes les penseurs profonds, les rêveurs audacieux, les innovateurs de demain. Embrassez votre don. Le monde a besoin de vos idées, de votre sensibilité, de votre vision unique. Votre histoire ne fait que commencer.

# Conclusion

Chers lecteurs, parents et éducateurs, vous voici au terme d'un périple révélateur, mais au seuil d'une nouvelle ère de compréhension et d'épanouissement.

Les pages que vous venez de parcourir ne sont pas simplement des mots sur du papier. Elles sont le tremplin vers une révolution silencieuse, une transformation profonde de notre perception de la pensée excessive.

Imaginez un monde dans lequel chaque esprit analytique, chaque âme sensible, chaque cerveau bouillonnant d'idées est accueilli à bras ouverts. Un monde avec lequel la profondeur de réflexion n'est pas un handicap, mais un superpower reconnu et célébré. Ce monde, c'est celui que vous avez le pouvoir de créer.

Parents, votre rôle est crucial. Vous êtes les jardiniers de ces esprits florissants. Chaque question que vous encouragez, chaque émotion que vous validez, chaque idée folle que vous prenez au sérieux est une graine que vous plantez pour l'avenir. Nourrissez ces jeunes pousses avec patience et émerveillement, et regardez-les devenir des arbres majestueux, solides et uniques.

Éducateurs, vous êtes les architectes d'un nouveau paradigme éducatif. Dans vos salles de classe se trouvent peut-être les Einstein, les Curie, les Da Vinci de demain. Votre défi ? Créer des espaces avec lesquels la pensée divergente est valorisée, où la curiosité insatiable est un atout, où la sensibilité est une force. À chaque fois que vous lancez : "Quelle question captivante ! " au lieu de " Ce n'est pas le sujet ", vous ouvrez une voie vers un potentiel inépuisable.

Lecteurs, que vous vous reconnaissiez dans ces pages ou que vous y ayez découvert un proche, sachez que vous n'êtes pas seuls. Vous faites partie d'une communauté grandissante de personnes qui reconnaissent la valeur inestimable de la pensée profonde et de la sensibilité accrue.

L'authenticité émotionnelle et la créativité cognitive ne sont pas de simples concepts théoriques. Ce sont des outils puissants pour transformer des vies. Utilisez-les, partagez-les, vivez-les. Car c'est en embrassant pleinement ces aspects de nous-mêmes et des autres que nous libérons un potentiel extraordinaire.

Alors que vous refermez ce livre, ne le considérez pas comme une fin, mais comme un commencement. Le commencement d'une nouvelle façon de voir, d'écouter, de comprendre. Le commencement d'un monde auquel "penser trop" n'est plus un reproche, mais un compliment.

Sortez dans le monde avec ces nouvelles perspectives. Observez les enfants qui vous entourent avec un regard neuf. Écoutez leurs questions interminables avec patience et émerveillement. Encouragez leur créativité débordante avec enthousiasme.

Rappelez-vous que ces esprits qui semblent parfois en décalage avec le monde sont peut-être ceux qui le feront avancer. Ces enfants qui s'inquiètent de l'avenir de la planète à un âge où d'autres ne pensent qu'à jouer sont sûrement ceux qui trouveront les solutions dont nous avons désespérément besoin.

Vous avez entre les mains le pouvoir de changer des vies, de façonner l'avenir. Utilisez-le avec sagesse, avec amour, avec conviction. Car en nourrissant ces esprits extraordinaires, vous nourrissez l'espoir d'un monde meilleur.

Partez maintenant, inspirés et déterminés. Votre mission est noble, votre impact sera profond. Le monde a besoin de ces penseurs profonds, de ces âmes sensibles, de ces esprits créatifs. Il a besoin de vous pour les guider, les soutenir, les célébrer.

Ensemble, transformons ce qui était perçu comme une faiblesse en la plus grande force de notre société. Car ces enfants qui pensent trop sont bien plus qu'un défi à relever. Ils sont un don précieux, une promesse d'un avenir plus brillant, plus innovant, plus empathique.

Le voyage ne fait que commencer. Et il promet d'être extraordinaire.

---